# BIER

# BIER

## EINE KLEINE KULINARISCHE ANTHOLOGIE

Herausgegeben von
Evelyne Polt-Heinzl
und Christine Schmidjell

PHILIPP RECLAM JUN. STUTTGART

Mit 18 Abbildungen

Universal-Bibliothek Nr. 18202
Alle Rechte vorbehalten
© 1998 Philipp Reclam jun. GmbH & Co., Stuttgart
Copyrightvermerke für die Texte und Abbildungen siehe Seite 151
Umschlaggestaltung: Günter Jacki, Stuttgart
Satz: Lihs, Satz und Repro, Ludwigsburg
Druck und Bindung: Franz Spiegel Buch GmbH, Ulm
Printed in Germany 1998
RECLAM und UNIVERSAL-BIBLIOTHEK sind eingetragene Marken
der Philipp Reclam jun. GmbH & Co., Stuttgart
ISBN 3-15-018202-6

# BIER

## IV. BIERKULTUR UND MITTAGSTISCH

## V. AM STAMMTISCH WIRD POLITISIERT

## VI. TISCHRUNDE DER DICHTER

## VII. ZECHEREIEN UND BIERFESTE

## WUSSTEN SIE, DASS...

# VORWORT

Es gibt eine Vielzahl von Wegen, sich dem Thema Bier theoretisch zu nähern: die jahrtausendalte Geschichte des Bieres, die technische Entwicklung des Brauvorgangs, die Kultur traditionsreicher Braustätten, mythologische Wurzeln und Kulte rund um das Bier, die enorme Sortenvielfalt, die Stilkunde des Biergenusses und noch vieles mehr. Von all dem soll in diesem Lesebuch auch die Rede sein. Im Vordergrund steht aber ein Moment aus der unmittelbaren Praxis: das Gesellige und Kommunikative des Biertrinkens.

Der Einstieg in diese kleine Sammlung kulturhistorischer und literarischer Texte erfolgt dementsprechend über zentrale Orte des Bierkonsums: das gemütliche Gasthaus, den schattigen Biergarten, die urige Kneipe an der Ecke. Typisches kommt dabei in den Blick, aber auch ein wenig exotische Szenerien und Figuren. Informatives über den Herstellungsprozeß und das Flair des Bierbrauens verbindet sich mit der Figur des Brauherrn, der als Persönlichkeit in der Realität wie in der Literatur häufig eine imposante Erscheinung abgibt. Der Brauvorgang ist ein kompliziertes und heute hoch technologisiertes Verfahren, das aber nach wie vor ein großes Maß an menschlichem Können erfordert. Völlig falsch wäre es, das Endprodukt dieses Prozesses nur mit Durstlöschen zu assoziieren, denn Bier ist seit langem schon zu einer Sache von Genießern und Connaisseurs geworden. Ein gepflegtes Glas Bier kann als sinnliches Gesamtkunstwerk betrachtet werden, es spricht in gleicher Weise das Auge an wie den Geruchs- und Geschmackssinn. An den exklusiven Bedürfnissen anspruchsvoller Bierkenner und -liebhaber setzt auch der aktuelle Trend zu ambitionierten Klein- und Hausbrauereien an, die mit besonders umwelt- und traditionsbewußten Verfahren, die nur im Rahmen kleiner Produktionskapazitäten möglich sind, naturtrübe, unfiltrierte, nicht pasteurisierte Biere anbieten. Die enorme Sortenvielfalt macht es jedem Bierliebhaber leicht, je nach Anlaß und Gelegenheit ein entsprechendes Bier zu wählen, was sicher mit dazu beigetragen hat, das Image des Biertrinkens als männerbündlerische Betätigung zu revidieren. Und daß Bier auch historisch gesehen keineswegs Männersache war, zeigen die »Bierkränzchen« des Mittelalters und die alten Brautraditionen vieler Nonnenklöster, wo noch Katharina von Bora, Luthers Frau, die Kunst des Brauens erlernt haben soll. Auch mythologisch ist das Bier eng mit weiblichen Gottheiten verbunden, der sumerischen Ninkasi ebenso wie der römischen Ceres, auf deren Namen – »auf Cerevis« – Burschenschafter heute noch zurückgreifen, wenn sie eine Aussage »auf Ehrenwort« bekräftigen wollen. Auch die kulturhistorischen Exkurse zur Bierherstellung in Südamerika und Schwarzafrika bestätigen diese Zuständigkeit der Frauen und eröffnen zugleich den Blick auf Bier außerhalb der Traditionen unserer westlichen Kultur. Und daß Frauen heute in Bierlokalen keineswegs nur als Kellnerinnen gegenwärtig sind, kann jeder Lokaltermin mühelos belegen.

Zum Bier als Getränk des Gourmets gehören aber darüber hinaus die reich ausdifferenzierte Kultur rund um das Bierglas und die feinen geschmacklichen Abstimmungen der Sorten- und Speisenwahl. Gerade in diesem Punkt prallen entlang individuell und regional ausgeprägter Präferenzlinien – Stichwort Weißwurstäquator – die Meinungen und Vorlieben mit der Vehemenz unschlichtbarer Glaubensstreitigkeiten aufeinander. Wie bei allen anderen Geschmacksfragen hat wohl auch hier zu gelten, daß sich darüber nicht streiten läßt. Die kulinarische Potenz des Bieres reicht aber über diesen Diskurs weit hinaus. Wer etwa glaubt, daß Kochen mit Bier ein Relikt aus Großmutters Zeiten darstellt, kann sich anhand der abgedruckten Rezepte für den Mittagstisch leicht vom Gegenteil überzeugen. Ein Element der Bierkultur ist schließlich der Bierdeckel oder Bierfilz, der eigentlich schon auf das Thema Stammtisch vorausweist. Denn Bierdeckelsammelrekorde sind neben anderen Anhäufungen von Bierrequisiten – wie die größte Biertulpe oder der höchste Bierkistenturm – wiederholt Bestandteile des Guinness-Buches der Rekorde gewesen, das die englische Brauerei Guinness 1955 als strategische Maßnahme zur Belebung der Stammtischgespräche anregte. Der Stammtisch als traditioneller Kristallisationspunkt politisierender Honoratiorenrunden ist eines der Verbindungsglieder zwischen Bier und Politik. Darüber hinaus galten Bier- und Brotpreiserhöhungen immer schon als vergleichbar sensible politische Entscheidungen, da die Bevölkerung in beiden Fällen nicht selten mit aktivem Protest reagierte. Gasthäuser und Bierkonsum waren aber auch zentrale kulturhistorische Elemente der sich politisch konsolidierenden Arbeiterbewegung.

Etwas weniger spektakulär ist vielleicht die Verbindung von Bier und künstlerischer Inspiration. Wurde dieser Aspekt für andere Alkoholika wiederholt untersucht, scheint das Bier in diesem Zusammenhang bislang weniger beachtet – zu Unrecht, wie unser kleiner Blick auf den Prominentenstammtisch beweist. Die Trennlinie zwischen Anregung und Überkonsum ist dabei mitunter ebenso fließend wie bei den einsamen Trinkern oder den sehr fröhlichen Zechrunden des letzten Abschnittes. Aber eines ist dem Münchner Oktoberfest sicher ebenso wenig abzusprechen wie dem Cannstatter Volksfest oder dem Berliner Bockbierfest: Es sind Orte der Geselligkeit und des zwischenmenschlichen Kontaktes und als solche werden sie bestehen bleiben. Die Hoffnung, daß Biertrinker und Gasthaus- wie Bierzeltbesucher nicht aussterben werden, mit der Joseph Roths Text und damit dieses Buch ausklingt, ist ohne Zweifel begründet.

*Evelyne Polt-Heinzl & Christine Schmidjell*

# I. BIERAUSSCHANK

OSKAR MARIA GRAF

## BIERSTÜBERL ZU VERKAUFEN

Abends gegen neun Uhr kamen Neithart und die Bolwiesers in das weitläufige, schlecht beleuchtete Bierstüberl vom Torbräu am Marktplatz. Sie waren außer drei Tarockern, welche am Ecktisch an der Schenke krakeelten, die einzigen Gäste und blieben es auch. Das war dem alten Brauer sehr recht. War er vielleicht gekommen, um an der Wirtschaft einnehmende Eigenschaften zu entdecken? Im Gegenteil! Getreu seinem erprobten Händlerprinzip: »An dem, was du kaufen willst, muß selbst das beste ein wahrer Ausbund von Nachteilen sein«, suchte er sofort nach Mängeln. Schon das Aufsehen, das die drei bei ihrem Eintritt erregten, war ihm geradezu Balsam. Er erlauerte flugs: Der Wirt war sein eigener Schenkkellner, in der Küche rührte sich nichts mehr, und die schmuddlige junge Kellnerin saß untätig an einem Tisch und las die illustrierte Zeitungen.

Die neuen Gäste setzten sich, und abermals geschah etwas sehr Bezeichnendes. Wie aufgescheucht kamen Wirt, Wirtin und Kellnerin dahergeschossen, machten sich aufdringlich dienstbar und scharwenzelten devot um den Tisch. Bolwieser war hier wohl halbwegs bekannt, aber doch kein Stammgast, und wer der alte Mann in seiner Begleitung war, das ließ sich leicht erraten. Eine solch komische Beflissenheit aber war denn doch verdächtig. Neithart notierte innerlich.

Er bestellte dreimal Schnitzel mit Kartoffelsalat, legte die winzige Speisekarte beiseite und sagte herabmindernd laut: »Ich seh' ja sowieso, was anderes wird's kaum geben.«

»O, bitte«, meinte der Wirt und zählte verschiedene Pfannengerichte auf, doch Neithart übersah ihn verächtlich: »Schon recht, schon recht! ... Schnitzl, hab ich gesagt, gelln S'!« Beleidigt zogen Wirt und Wirtin ab, während die Kellnerin den Tisch deckte. Ungeniert brummte der Brauer dabei seinem Schwiegersohn zu: »Wo schon die ganze Inhaberschaft auftanzt, wenn drei lumpige Gäst' kommen – gute Nacht! Da spukt's.« Die Kellnerin verstand genau. Das war ja auch beabsichtigt. Mit rotem Kopf machte sie fertig und verschwand.

Das war der Anfang. Das Bier kam und war lack, die Schnitzel dauerten endlos lange, und der Salat war altbacken.

Wirt muß Wirt bleiben und eine Elefantenhaut haben. Herr Silvester Brendl, der Besitzer des Torbräu, konnte nicht umhin. Er mußte wieder an den Tisch, wünschte den Herrschaften einen »Guten Appetit« und erkundigte sich, ob es schmecke. Da hielt es den alten Neithart nicht mehr.

»Ich dank' der Nachfrag', Herr Kolleg', dank' der Nachfrag'!« gab er sich zu erkennen und fragte herausfordernd patzig: »Auf solche Gäste sind S' wohl gar nicht eingerichtet, was?« Man schmeckte die kriegerische Ironie dieser Worte förmlich.

Hanni und Xaver schwiegen betreten. Es war peinlich. Der Wirt wollte ein rettendes Lächeln aufsetzen, aber Neithart sah ihn derart verletzend an, daß ihm sein kulantes Faltenziehen gefror. Wie ein Schnellfeuer fiel nun der Brauer auf den kleinen, verschreckten Menschen her, schoß und schoß drauflos: »Neithart! Brauerei Neithart Passau, wenn ich bitten dürft'! Ich bin ernsthafter Reflektant, daß Sie's wissen! ... Aber, gute Nacht! Gut' Nacht! Da, mein' ich, kann ich auch als Millionär auf- und mit'm Hungertuch wieder abziehn!« Er kam daher mit seinen Absichten und schimpfte, als gehöre ihm die Wirtschaft bereits. Offen verärgert schob er das halb auf- gegessene Schnitzel weg und belferte noch niederträch- tiger: »Stellen Sie den drei Herrn da hinten je eine Maß Bier hin auf meine Kosten, damit's gar wird mit dem Sau- g'söff!« Er wußte, so etwas macht rasch bekannt und be- liebt. Einer sagt's dem andern, und alle werden später Gäste.

»Aber Vaterl!« wollte ihm Hanni Einhalt gebieten. Bol- wieser war ganz still geworden. Die Wirtin kam herbei, die drei Tarocker prosteten dankbar erheitert herüber, und Neithart ließ kein gutes Haar am schäbigen Balg des Torbräubetriebes.

»Tja – aber, Sie brauchen doch meine Wirtschaft nicht kaufen. Sie müssen nicht!« begehrte Brendl auf, doch der Brauer ging unverschämt darüber hinweg: »Davon ist keine Red' nicht! Als Fachmann tut mir einfach das Herz weh, wenn ich sowas seh'! ... Wa–was?!! *Einen* Hektoli- ter die ganze Woch' schenken Sie aus? *Einen?* ... Nette Aussichten das! Nett, nett!«

»Auweh Brendl!« schrie ein Tarocker: »Da beißt's aus, holla!« Alle drei lachten.

»Solche Geschäfte macht man nicht am offenen Bier- tisch«, wurde es dem Brendl zu dumm: »Kommen Sie morgen, Herr Neithart.« Und dieser – als sei ihm der Wirt Luft – beugte sich zu Bolwieser hin: »Xaverl? Da fahr' ich lieber wieder mit'm vollen Geldbeutl heim! ... Sauber, sauber! Mehr Gäst' und weniger Bedienung wär' schö-

ner!« Beide Wirtsleute wollten etwas sagen. Wie Schul-
kinder trumpfte er sie nieder: »Ich zahl' bar, basta! Das
andere wird sich ja noch geben, net wahr? Bittschön,
keinen Schmus! G'sehn hab' ich jetzt schon, in was für
ein Elend ich mich hineinhock' …«

Um ja keine Widerrede aufkommen zu lassen, zahlte
er finster und murrte immer noch.

Ludwig Richter: Die Schwaben im Wirtshaus

## SCHENKEN UND SCHILDWIRTE

Die Geschichte der deutschen Kneipen fängt damit an, daß man nicht hingehen durfte. Man – das waren die Welt- und Ordensgeistlichen am Übergang vom achten zum neunten Jahrhundert. Ein Edikt, das Bischof Hatto von Basel 794 erließ, forderte von Kirchenleuten, selbst auf Reisen einen großen Bogen um die »Tabernen« zu machen. Und wenn die geistlichen Reisenden etwas zu essen brauchten, sollten sie es gefälligst durch ihre Leute holen lassen.

Diese Anordnung läßt auf einiges schließen. Erstens, daß es damals Kneipen gab. Zweitens, daß es in jenen frühen Kneipen recht lustig zugegangen sein muß. Und drittens, daß es dort auch etwas zu essen gab – nicht nur zu trinken.

Die »Taberna« ist eine römische Erfindung. Den Römern war sie schon vor 2000 Jahren bekannt. In regelmäßigen Abständen standen »Tabernae« an den Fernstraßen, die das Reich durchzogen. Auch in den römischen Städten im besetzten Germanien gab es solche Lokale. Die überlebten den Zusammenbruch der Römerherrschaft und gediehen weiter.

Allerdings war damals die Abgrenzung zwischen Brauerei, Wirtshaus und Privatwohnung nicht so klar wie heute. Es gab dafür ja noch keine Berufsordnungen. Bier wurde seit der Germanenzeit im Haushalt gebraut – und oft mehr, als man trinken konnte. Die Familie ließ dann bekanntmachen, daß sie von ihrem Bräu ausschenken wolle. Vater, Mutter und Kinder liefen durch die Gassen und verkündeten es laut. Sogar Kaiser Rudolf von Habsburg hat sich im 13. Jahrhundert an einer solchen Bierwerbung beteiligt. Mit vollem Krug stand er vor dem Haus eines Freundes in Erfurt und rief: »Wol in! Wol in! Eyn guet bier! Dat hat Herre Siegfried von Bustede ufgetan!«

Aber nicht alles Bier war rühmenswert. Schon 1156 mußte Kaiser Barbarossa den Burgvogt von Augsburg anweisen, jedem Augsburger, der schlechtes Bier verkaufte oder schlecht einschenkte, fünf Gulden Strafe abzuverlangen. Und beim drittenmal sei der betreffende Bürger die Brauerlaubnis los.

Die Möglichkeit des privaten Bierausschanks bewirkte, daß es allenthalben Kneipen gab. Dort wurde getrunken, was das Zeug hielt. Der Durst war so groß, daß sich Herzog Ludwig der Strenge für seine Bayern schon um 1250 eine Schankordnung einfallen ließ. Der Preis für den Krug Bier mußte auf dem Faß deutlich angeschrieben sein – und zwar so, daß jeder ihn verstehen konnte. Kredit durften die Wirte nur mit behördlicher Genehmigung geben, um der Gefahr vorzubeugen, daß einer Haus und Hof vertrank. Ein Bauer oder Arbeitsmann durfte sich nur bis zu zwei Gulden Schulden ansaufen, ein Bürger bis zu fünf. Und Geistliche hatten das Recht, bis zu zehn Gulden Bierschulden einzugehen.

Später machten sich die hausbrauenden Familien nicht mehr die Mühe, mit Einladungen in der Nachbarschaft herumzulaufen, wenn sie neues Bier hatten. Sie verfuhren wie die Metzger. Wenn die ein frisch geschlachtetes Schwein loswerden wollten, steckten sie eine Fahne aus der Haustür. Jeder wußte dann: hier gibt's frisches Fleisch. Als Zeichen für den Ausschank von Getränken bürgerte sich das Aushängen von einem Kranz oder einem Strauß ein. So entstand der »Krug zum grünen Kranze« [...].

Eine Schweinsblase mit dem Kranz über der Tür bedeutete: hier gibt es frische Schlachtplatte mit Bier!

Manchmal stand auch ein Stuhl mit einer darüber geworfenen Schürze in der Gasse. Das war das Signal, daß man hier essen und trinken könne. [...]

Die Wirte, die Essen und Trinken gaben, bauten alsbald eine Kammer ihres Hauses aus und stellten fünf Betten hinein. In jedem Bett hatten drei Personen Platz. Das ergab Übernachtungsmöglichkeiten für 15 Leute. Das war nun keine Schenke mehr, sondern schon ein Gasthof. Der begnügte sich, um auf sich aufmerksam zu machen, nicht mit einer Schürze überm Stuhl oder der Schweinsblase an der Tür. Er legte sich einen wohlklingenden Namen zu und ließ sich ein Schild schmieden.

Solch ein Schild verpflichtete den Wirt, mit dem Gastrecht auch den gesetzlichen Schutz für die Gäste zu übernehmen – solange sie in seinem Hause aßen, tranken und schliefen. Die Obrigkeit, immer bestrebt, Ordnung und Aufsicht unters Volk zu bringen, erklärte diese Wirtschaften zu »Vollgasthöfen«, verlieh ihnen die »Schildgerechtigkeit« und kassierte Steuern. Außerdem bestand sie darauf, daß das Schild nur hängen durfte, solange Bier im Hause war. Waren die Fässer leergetrunken, so mußte das Schild abgenommen werden. Darum wurde, wenn das Bier zur Neige ging und Nachschub noch nicht da war, rationiert. Denn sein Schild wollte keiner einziehen. Es gab sogar einen Merkvers:

*Anfangs halt gute Maß,*
*spar, was noch ist im Faß.*
*Sonst, wenn du am end sparen wilt,*
*so ist's zu spat, es ist verspilt.*

Die »Schildwirte« legten Wert darauf, in der gastgewerblichen Hierarchie an oberster Stelle zu stehen. Sie vermieden jeden Kontakt mit den schlichten Schank- und Zapfwirten. Einige solcher uralter Gasthöfe gibt es noch heute: den »Bären« in Freiburg (der seit 1311 besteht), den »Riesen« in Miltenberg (in seiner heutigen Form aus dem Jahre 1590; früher, 1158, soll schon Barbarossa dort gewohnt haben) und den »Adler« in Hinterzarten (der auch bereits 1446 genannt wird).

Ländliche Wirtschaften zeigten oft kein Schild, sondern eine Fahne [...]. Und viele begannen schon damals, sich mit Empfehlungsschildern zu schmücken, wie es sie noch heute gibt. Doch wurden die damals nicht von gastronomischen Verbänden oder Automobilclubs verliehen, sondern von Rittersleuten, die eingekehrt waren, sich zufrieden zeigten und dem Wirt erlaubten, ihr Wappen an die Wand zu malen. Das wurde dann meist mit einem Kranz von Hopfenblüten eingerahmt. Je mehr Wappen eine Gastwirtschaft herzeigen konnte, desto besser war ihr gastronomischer Ruf.

Manche Wirte dagegen waren verrufen, weil sie schlecht einschenkten. Drum mußte der Münchner Magistrat 1420 den Gastwirten befehlen, »daß sie alle ihre Kandeln bringen sollten zu dem geschworenen Zinngießer, den die Stadt gesetzt hat, und der soll sie beschauen, ob die Nägel (die Eichmarkierungen) darin recht stehen, und soll auch fürbaß nicht mehr geschenkt werden in keinem Kandel, denn die gebrannt und gezeichnet sind mit der Stadt Zeichen«.

Je wichtiger die Handwerkszweige wurden, desto stolzer wurden die Handwerker. Sie setzten ihren Stand gleich unter den des Adels auf eine Stufe mit den Patriziern und begannen, sich untereinander in Zünften abzugrenzen. Ihr gesellschaftlicher Ehrgeiz ging so weit, daß sie eigene Gasthäuser einrichteten, die Zunft-Trinkstuben. Dort verkehrten die Mitglieder der Handwerkerzünfte so exklusiv wie später die britischen Gentlemen in ihren Clubs.

Die Schildwirte mochten diese Zunftstuben so wenig wie die Klosterschenken. Besonders, als die Stadträte begannen, ihre Festlichkeiten nicht mehr in den Schildwirtschaften, sondern in den Zunftstuben zu feiern.

Außerdem wurden die Ratskeller der Städte und die Bürgerbräuhäuser eine Konkurrenz. In Hamburg und Lübeck wurden die ersten Ratskeller schon im 13. Jahrhundert eingerichtet. Ursprünglich waren sie nichts anderes als die Gewölbe unterm Rathaus, in die sich die Ratsherren zurückzuziehen pflegten, um feucht-fröhlich die städtischen Geschicke zu besprechen. Später hatten dann – wenn gerade keine Ratssitzung stattfand – auch die Bürger Zutritt. Über den Hamburger Ratskeller baute man später das »Einbecksche Haus« mit seinen großen Räumlichkeiten, die eigens für das Pokulieren mit dem guten Bier aus Einbeck gedacht waren.

Eine der alten, berühmten Gaststätten war das Nürnberger Bratwurst-Glöckle. Dort saßen schon Albrecht Dürer und Hans Sachs beim Imbiß und einem kräftigen Humpen Bier. »Garküche« nannte man damals diese gemütlichen Stuben. Das Bratwurst-Glöckle gehörte anfangs der Stadt. Später wurde es in Pacht betrieben – bis es im zweiten Weltkrieg in Schutt und Asche fiel. In Bamberg steht noch ein Bierhaus mit einer Trinkstube aus dem 14. Jahrhundert: der Brauereiausschank »Schlenkerla«. Dort gibt es vor allem Rauchbier.

MICHAEL JACKSON

## WO MAN IN DEUTSCHLAND TRINKT

Wien hat sein Kaffeehaus, England sein Pub und Süddeutschland hat seinen Biergarten. Im warmen Süden liebt man es, abends draußen zu sitzen und sein Bier zu trinken. Dazu findet sich vor allem in Bayern immer ein schöner Biergarten, wo man sich unter schattigen Kastanien ausruhen, seinen Gedanken nachhängen oder auch – wie auf den berühmten Gemälden von Menzel und Liebermann – von Herzen fröhlich sein kann.

Hundert solcher Biergärten gibt es allein in München. Der größte mit 7000 Plätzen ist der *Hirschgarten* beim Nymphenburger Schloß, wo am Abend bis zu 18 000 Liter des beliebten Augustiner-Biers ausgeschenkt werden. Der gleichen Brauerei gehört auch der *Augustiner-Keller,* wo 5000 Gäste Platz finden. Keller nennt man solche Lokale, weil hier das Bier direkt aus dem kühlen Keller kommt.

---

Im Norden Europas trinkt man Bier, die romanischen Völker im Süden ziehen den Wein vor. Die Grenze zwischen beiden Gruppen geht quer durch Belgien, dessen Nationalgetränk aber unbestritten das Bier ist.

22

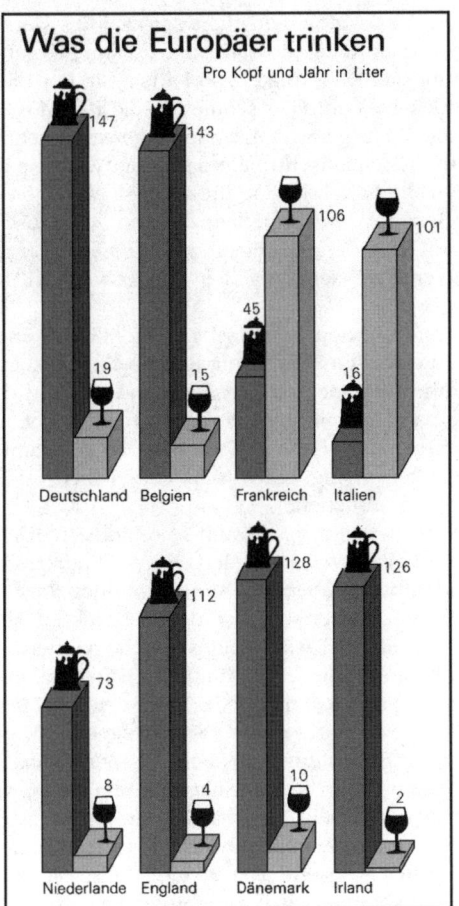

## Was die Europäer trinken
Pro Kopf und Jahr in Liter

Deutschland 147 19
Belgien 143 15
Frankreich 45 106
Italien 101 16
Niederlande 73 8
England 112 4
Dänemark 128 10
Irland 126 2

Im Ausland sind »Bierkellers«, trotz ihres deutschen Namens, eher Bierhallen. Kann man im Biergarten in aller Ruhe sein Bier trinken, so herrscht in der Bierhalle lärmendes Treiben: Hier schmettert die Blasmusik Märsche und Walzer und Tausende singen und schunkeln dazu. In München ist für beides gesorgt: Wie jede Brauerei ihren Biergarten hat, so unterhält sie auch ihre Bierhalle. Bekannt sind vor allem die von *Augustiner* und *Pschorr*. Größte von allen soll die *Mathäser Bierstadt* in der Bayerstraße sein, wo Bier von Löwenbräu ausgeschenkt wird.

Bierfeste werden in München eigentlich immer gefeiert, zumindest im *Platzl,* mit Blasmusik, Volkstanz und Bauerntheater. Doch das hervorragende Bier in diesem Volkskabarett stammt nicht aus München. Es kommt aus der kleinen, aber sehr tüchtigen Brauerei der Familie Inselkammer in Aying, einem schmucken Bierdorf 50 km südlich von München.

Im Norden kennt man kaum so regional typisch ausgeprägte Lokale wie im Süden. Wie in Frankreich und England gibt es überall *Restaurants* und *Bars*. Doch darüber hinaus herrscht bei den Bezeichnungen der Lokalarten ein eher wachsendes Durcheinander.

So gibt es Bierkeller in Hamburg, doch nennt man sie – wie ganz allgemein jede Trinkstätte – *Wirtschaften.*

Dieselbe Bedeutung hat auch das *Wirtshaus,* doch meist negativ, denn da »vertrinkt man sein Geld«. Andere Namen haben ähnlich abschätzige Untertöne, wie z.B. die *Pinte,* unter der man ein primitives Lokal mit recht rauhen Sitten versteht. Die *Kneipe,* einst die erzieherische Trinkgemeinschaft der Studenten, ist dagegen heute ein geselliger Treffpunkt. Und eine *Destille,* wie man sie in Berlin kennt, hat schon mit »scharfen Sachen«, also harten Schnäpsen zu tun.

KARL MAY

### EIN BIERLOKAL IM ORIENT

Will man den unverfälschten Orient sehen, so muß man sich in eines der arabischen Viertel begeben, und dazu bedarf es keines weiten Weges. Ich erinnerte mich meines frühern Aufenthaltes in Kairo und bog in eine enge Seitengasse ein. Sie mündete in eine andere Gasse, und als ich diese erreichte, winkten mir von der alten Lehmmauer eines niedrigen Hauses die vier Inschriften entgegen:

Beer-house
Cabaret à bière
Birreria
Bira, ingliziji we nimsawiji,

also englisch, französisch, italienisch und arabisch. Die
vierte Zeile war natürlich in arabischer Schrift geschrieben. Ich blieb stehen und betrachtete das Lokal. Das
Aussehen desselben stieß mich ab, aber das Wort Bier
zog mich an. Das Haus hatte weder Türe noch Fenster.
Die vordere Seite desselben bestand aus zehn hölzernen, vielfach zersprungenen Säulen, welche den obern
Teil der Wand trugen. Hinter diesen Säulen lag das also
nach der Straße offene Bierlokal. Man sah die wenigen
Gäste rauchend auf Stroh- und Bastmatten sitzen oder
auf hölzernen Marterfallen hocken, welche höchst wahrscheinlich Stühle sein sollten. Ein unendlich dicker Kerl,
welcher auf einem solchen Sitze schwitzte, sah, daß ich
mich bedachte; er winkte mit beiden Händen, grinste
mir höchst freundlich zu und rief:

»Gel tschelebi, gel tschelebi! Arpa suju pek eji, pek
eji – kommen Sie, Herr, kommen Sie! Das Bier ist sehr
gut, sehr gut.« – Das war türkisch; der Mann war also ein
Osmanli. Als ich seiner Aufforderung nicht sofort folgte,
hielt er mir mit der linken Hand die Flasche entgegen
und winkte mit der rechten so angelegentlich, daß sein
schwerer, faßförmiger Leib in schütternde Bewegung
kam; das konnte der Stuhl, welcher ohne Lehne war und
schusterschemelartig nur aus drei dünnen Beinen und
einem dünnen Sitze bestand, nicht aushalten; er knackte
zusammen, und der Dicke fuhr mit einem lauten Krach
zur Erde nieder.

»O jarik, o göküm, o babalarim, o tenim, o azalarim, o bukalim – o wehe, o mein Himmel, o meine Väter, o mein Leib, o meine Glieder, o meine Flasche!« zeterte er, indem er die Linke hoch empor hielt, aber keinen Versuch zum Aufstehen machte.

Ich sprang hinzu und konnte mich zunächst nur davon überzeugen, daß sein letzter Ausruf »o meine Flasche!« sehr begründet war. Er hatte sie an einer der erwähnten Säulen zerschlagen und hielt nur noch den leeren Hals in der Hand. Der Inhalt hatte sich über sein Gesicht und seinen ganzen Anzug ergossen. Die andern Gäste blickten lächelnd herüber, aber keiner von ihnen machte Miene, herzukommen, um ihm beim Aufstehen behilflich zu sein.

»Zarar onlarinwar – sind Sie verletzt?« fragte ich ihn, indem ich ihm den Flaschenrest aus der Hand nahm und ihn mit meinem Taschentuche abtrocknete.

»Azalarim dschümle kyrmysch – alle meine Glieder sind zerbrochen!« antwortete er, indem er, auf dem Rücken liegend, beide Arme und beide Beine emporhielt.

»Das glaube ich nicht«, tröstete ich ihn; »wären Sie an den Gliedern verletzt, so könnten Sie nicht diese für Sie so schwierige Stellung einnehmen. Versuchen Sie doch, einmal aufzustehen!«

Ich nahm ihn bei den Händen und zog – zog – zog mir fast das Leben heraus, vergeblich! Da kam ein junger, schwarzer Mensch herbei, jedenfalls der Sufratschi; er hatte ein Kohlenbecken in der Hand, mit dessen glühendem Inhalte er die Tschibuks der Gäste in Brand zu setzen pflegte. Der Junge besaß ein Gesicht wie einer, der zu jedem tollen Streiche geneigt ist. Er faßte mit der Zange eine brennende Kohle und hielt sie dem Dicken so nahe unter die Nase, daß der Schnurrbart hörbar zu sengen begann. Im Nu war der Türke auf und langte dem Knaben ein solches Bakschisch hinter die Ohren, daß dieser das Becken fallen ließ und schreiend im Hintergrunde verschwand.

»Sakalim, Byjykym güzel – mein Bart, mein schöner Schnurrbart!« schrie der Dicke ingrimmig, indem er die malträtierte Zierde mit beiden Händen liebkoste. »Wie kann dieser Neger sich an dem Schmucke meiner Männlichkeit vergreifen! Allah brate ihn dafür im tiefsten Winkel der Hölle!«

Jetzt, da er aufgerichtet vor mir stand, konnte ich ihn genau betrachten. Er war nicht zu hoch, aber, wie bereits gesagt, von desto größerem Körperumfang. Sein Gesicht zeigte eine tiefere Röte als nur diejenige der Gesundheit; es hatte den Ausdruck der Ehrlichkeit, und wenn seine Augen jetzt auch zornig funkelten, so schienen sie doch geeignet zu sein, bei anderer Stimmung freundlicher blicken zu können. Sein Alter schätzte ich auf höchstens fünfunddreißig Jahre. Sein Anzug glich genau dem meinigen, weite türkische Schalwar, eine Weste und kurze Kubaran mit Stehkragen, Fez, ein Halstuch unter dem Hemdenkragen und ein Gürteltuch, an den Füßen leichte Stiefeletten, nur daß meine Kleidung von mittelgrauer Farbe, die seinige aber dunkelblau und mit vielen goldenen Tressen und Schnüren verziert war. Er hatte das Aussehen eines Mannes, der mit dem Inhalte seines Beutels nicht zu geizen braucht.

Jetzt betastete er seinen Körper hinten und vorn, von oben bis unten, und als er erkannte, daß er mit heiler Haut und einigen versengten Schnurrbarthaaren davongekommen sei, erheiterte sich sein Gesicht. Er streckte mir die Hand entgegen und sagte, indem er mir die meinige herzlich schüttelte:

»Allaha schüke, szagh im! Bu wakyt n'asl idiniz – Gott sei Dank, ich bin gesund! Wie ging es Ihnen diese Zeit?«

»Diese Zeit?« fragte ich erstaunt. »Sie kennen mich, wie es scheint?«

»Und Sie mich nicht?«

»Ich kann mich wirklich nicht erinnern.«

»Ich glaube es, denn Sie haben damals nicht mit mir gesprochen. Setzen wir uns! Sie sind ein Deutscher und werden gern ein Glas Bier trinken. Ich habe Sie gerufen, und Sie müssen die Güte haben, mein Gast zu sein.«

Er setzte sich auf einen festern Stuhl, und ich nahm ihm gegenüber Platz. Welch ein Zufall! Kaum hatte ich in Kairo den Staub des Dschebel Abu Tartur von mir geschüttelt, so traf ich einen Türken, welcher mich kannte und gar nicht übel von mir zu denken schien! Ich war äußerst neugierig, zu erfahren, wer er war und wo er mich gesehen hatte.

»Ja walad, dschib schischaten – he, Junge, bringe zwei Wasserpfeifen!« rief er nach hinten.

Der Negerknabe kam zaudernd herbei und stellte die Pfeifen mit möglichst langen Armen auf den Tisch; er hatte Angst vor einer Wiederholung der Ohrfeige, welche er erhalten hatte. Als er sah, daß der Türke keine zornige Notiz von ihm nahm, faßte er Mut, uns Kohlen zu reichen. Die Köpfe waren mit Tembek gefüllt, einem schweren persischen Tabake, welcher nur aus dem Nargileh geraucht wird.

»A 'tina kizazaten bira nimsawiji – gieb uns zwei Flaschen österreichisches Bier!« lautete nun der weitere Befehl.

Das war eine Höflichkeit gegen mich; ich als Deutscher sollte österreichisches und kein englisches Bier trinken. Desto unhöflicher verhielt er sich gegen den Jungen, denn kaum hatte dieser die Flaschen und die beiden Gläser vor uns hingestellt, so bekam er eine so kräftig verbesserte Auflage der ersten Kaff, daß er wie eine Forelle blitzschnell quer durch den Raum und hinten zur Türe hinausflog.

»Bu-war partschasi – der hat seinen Teil!« sagte der Türke lachend, indem er die Flaschen öffnete, um sich und mir einzugießen. Der Mann trank jedenfalls nicht zum ersten Male mit einem Abendländer, denn er stieß ganz regelrecht mit mir an. Es war Pilsener Bier, ja wirklich Pilsener, und wenn ich mich nicht irre, aus der bürgerlichen Brauerei! Liebster Orient, es wird mir langsam angst um dich! Aber trinke nur weiter, trinke immer Bier; das ist besser als der scharfe Araki, der dir das Blut vergiftet und die Nerven tötet, obgleich Muhammed ihn nicht so wie den Wein verboten hat!

# II. DER BRÄU

CARL ZUCKMAYER

## DER HERR BRÄU

Während man von dem Dechanten zwar sagen konnte, daß er eine Seele von einem Menschen war, obwohl seine irdisch-fleischliche Erscheinung sich absolut nicht wegdenken ließ und ihr lautes Recht verlangte – schien der Herr Bräu Matthias Hochleithner wirklich nur aus Leib zu bestehen.

Und aus was für einem Leib. Wenn da vielleicht doch eine Seele drinnen war, so mußte sie in dieser füllig-massiven Gemächtigkeit eher zerquetscht oder von den Stürzen und Güssen des Nachschubs verschüttet werden, und bestimmt nahm sie weniger Platz ein als das Nierenfett oder die Leber. Der Schneider Matuschek, wie alle guten Schneider böhmischer Abkunft, brachte herum, daß er für die Lederhosen des Herrn Bräu das doppelte Maß an Bockshaut verbrauche wie für seine eigenen, und er wog, ein Hohn auf die Legende von dem mageren Schneiderlein, in der Früh seine hundert-fünfzehn Kilo, und nach dem Nachtmahl drei mehr. Der Herr Bräu aber trug nur recht selten die einheimischen Ledernen oder die graue Joppe mit den Hirschhorn-knöpfen und den langen, dunkelgrün passepoilierten Landeshosen. Er hatte eine Schwäche für den Stil und die Kleidung der großen Welt. Alle paar Jahre reiste er nach London, nicht ohne eine ausgiebige Station in Paris zu machen, das er, was Lebenskunst betraf, höher schätzte. Für seine Anzüge jedoch genügten ihm die weltberühmten Firmen von Prag und ihre Wiener

Filialen keineswegs. Den beliebten Knize, bei dem sich Künstler, Erzherzöge und Gigolos einkleiden ließen, nannte er ›demimondän‹ oder ›pervers‹. Sein Geschmack konnte nur durch die Arbeit eines jener schweigsamen Herren von Bondstreet oder Pall Mall befriedigt werden, die man so leicht mit dem von ihnen bedienten Oberhausmitglied verwechselte. Das Merkwürdige war, daß ihm solche aus edelsten Stoffen ebenso seriös wie leger gemachten Kleider tatsächlich standen. Dieser enorme Fleischklotz von einem Menschen, dieser Pithekanthropus an Glieder- und Knochenbau, schien in einen jener dunkelflauschigen, kaum sichtbar gemusterten Nachmittagsröcke, über leicht fallenden einfarbigen, etwas heller getönten Tweedhosen, in ein rohseidenes Hemd und nach Maß gemachte Boxcalfhalbschuhe, das Paar für drei Guineas – gradezu hineingeboren. Wenn er im Brauhaus die Arbeit kontrollierte, von der er jeden kleinsten Handgriff selbst zu tun verstand, oder in den Ställen und Scheunen herumstieg, dann liebte er es, den ältesten, verdrecktesten Leinenjanker und die speckigsten, ausgebeultesten Kutscherhosen zu tragen, die man im Alpenvorland finden konnte. Er liebte es auch, mit seinen Brauknechten Kegel zu schieben oder im kühlen Vorgewölb des Wirtshauses bis zum frühen Morgen mit ihnen durchzusaufen. Er liebte den Krach und den Schweiß der überfüllten Tanzböden bei einer Hochzeit oder einem Volksfest, das Gedränge zwischen den Kirtagsbuden, den Dampf der riesigen Gulasch- oder Rindfleischkessel in der Gasthausküche, den schalen Tröpfeldunst in der Schank und den modrigen Faßgeruch im Keller. Er konnte fluchen wie ein Viehtreiber, rülpsen wie ein Walroß, das man mit Bier und Radi gefüttert hat, und seine Sprache war nur für gelernte Köstendorfer verständlich. Er liebte die derbsten Witze und den unartikulierten, lallenden Gesang der angetrunkenen Bauern, ihr Schreien, wenn sie den Tanz ›einsprangen‹, ihr Gejohle beim nächtlichen Heimweg, ihr Gestoß und Geranze mit den Weiberleuten und ihre hirschmäßigen Raufereien. Aber in seinen privateren Neigungen war er, wie er selbst es zu nennen pflegte, ein ›Tschentlemann‹. Und das bildete er sich nicht nur ein. Er war es wirklich. Mit all seiner grobianisch ungehobelten Natur war er kein Grobian, kein Kaffer, kein ordinärer Mensch. Mit all seinen noblen Passionen und ihren üppigen Auswüchsen war er kein Snob, kein Hochkömmling ›sine nobilitate‹. Eine gewisse Vornehmheit, nämlich Großherzigkeit, ein sicheres Geltungs- und Maßgefühl, noch im Wüsten und Maßlosen, war sein bestes Teil, nicht angelernt, kaum je bedacht, sondern selbstverständlich. Denn er war der echte, vielleicht der letzte Sproß einer echten Aristokratie, wenn sie auch nur aus Bierbrauern und Gastwirten bestand. Aber wo Aristokratie etwas Wirkliches und nicht nur Angemaßtes ist – da bedeutet sie nie etwas anderes als die aus der Übung und Haltung eines Standes erwachsene, echteste und möglichst vollendete Menschenart – soweit sich Menschenart zur Vollendung eignet. Das Hochleithner-Wirtshaus ›An der Straß‹, in dessen mit geblümtem Stoff tapezierter Wochenstube der jetzige Herr Matthias, wie all die früheren Matthiasse, zur Welt gekommen war, wurde schon in einer Chronik vom Jahre 780 erwähnt. Seitdem war es wohl zu ungezählten Malen abgebrannt, eingerissen, umgebaut oder neu errichtet worden, aber die heutigen Grundmauern und die meterdicken Steinwände seines

Unterbaus waren bestimmt nicht jünger als drei- bis vierhundert Jahre – und die verschiedenen ererbten Geräte und Möbelstücke, Kupferpfannen und Zinnkrüge, Steinmörser und Holzschüsseln, Bettstellen, Kästen, Ofengitter, Standspiegel und Bilder, womit die mächtigen Wirtsstuben und die saalartig geräumigen Gästezimmer ausgestattet waren, gingen von der frühen Renaissance bis zum späten Biedermeier durch alle guten Zeiten. Was dann hinzugekommen war, wirkte degeneriert und mittelmäßig – aber es war nicht viel. Selbst die elektrischen Birnen hatte man nach Möglichkeit in die alten eisernen Laternen und Hängelampen oder in große Holzräder und bemalte Roßkummete eingebaut, wie man sie früher zur Kerzenbeleuchtung verwandte.

Matthias Hochleithner war unverheiratet, und er wohnte nicht mehr im Wirtshaus, dessen sämtliche alten Räume er einschließlich der Wochenstube, des Spukzimmers und des Spinnkabinettchens seiner Großmutter als guter Geschäftsmann vermietete. Für sich selbst hatte er etwa zehn Minuten oberhalb des an die Wirtschaft anschließenden Brauhauses, in einem parkartigen Wiesen- und Baumgelände, das, von einer Mauer umzogen, in gepflegter Verwilderung strotzte, ein herrschaftliches Haus gebaut, seines klassischen Stils wegen die ›römische Villa‹ genannt. Da er aber den größeren Teil seiner Zeit, vor allem die Abende, teils aus Pflicht, teils aus Lust, im Wirtshaus verbrachte und es nicht immer auf ganz festen Beinen verließ, hatte er sich aus glattgehobeltem, splitterlosem Holz ein Geländer machen lassen, das wie eine Schiffsreling erst an der Seitenwand des Bräu entlang, dann die kastanienbestandne Allee hinauf, längs der Parkmauer, und schließlich direkt zur Eingangstür seines ebenerdigen Schlafgemachs führte. Nicht nur in finsteren Sturmnächten, sondern auch in den stillen, mondhellen, oder im lichten Frühnebel, konnte man öfters den Herrn Bräu beobachten, wie er ganz allein, Hand für Hand und Fuß für Fuß, sein Lebendgewicht an jenem Geländer bergauf zog, wobei er manchmal stehenblieb, um einem Urlaut Luft zu geben oder in der Erinnerung an ein komisches Ereignis, einen gelungenen Scherz laut aufzulachen. Warum er nicht geheiratet hatte, was bei seinem Stand und seiner ländlichen Umgebung ganz ungewöhnlich war, konnte niemand sagen, und er selbst schwieg sich darüber aus. Überhaupt war er ein Mensch, der trotz seines offenen, ungenierten Wesens recht unerschließbar war, man konnte nie wissen, was er eigentlich dachte – oder was in ihm vorging, wenn seine großen dunkelbraunen Augen, während der Mund noch lachte oder Virginiawolken paffte, sich plötzlich in einer dämmerhaften Melancholie vertrübten. Er hatte wohl auch ein Leiden, etwas Internes, was ihn manchmal mit wütenden Schmerzkrämpfen überfiel und für ein paar Tage aufs Lager warf. Der alte Dr. Kirnberger jedoch, der einzige, zu dem er Vertrauen hatte und der in solchen Fällen mit seinem Pferdewägelchen herantrottete, pflegte, wenn ein besorgter Verwandter ihn nach dem Patienten fragte, nur zwischen zusammengebissenen Zähnen herauszuzischen: »Z'viel g'fressen, z'viel g'soffen.« Und nach kurzer Zeit, die der Herr Bräu stets ganz allein, in seinem Schlafzimmer eingeschlossen und nur von der tauben Nanni bedient, verbrachte, erschien er in ungebrochener Laune und Robustheit und begann ohne Übergang alles, was schwer und fett war, zu verspeisen.

Sonst aber lebte er keineswegs allein. Fast das ganze Jahr über, besonders während der Ferienzeiten im Sommer, um Weihnachten oder Ostern herum, hatte er die Villa voller Gäste, die größtenteils seiner näheren und ferneren Verwandtschaft angehörten, und zwar hauptsächlich die schlechter gestellten oder verarmten Zweige. Dies entsprang nicht allein der Tugend christlicher Nächstenliebe und Mildtätigkeit. Sondern Matthias Hochleithner hatte eine ausgesprochene Lust an großer Hofhaltung und Gefolge. Zwar wollte er keine demütigen, unterwürfigen, pump- oder erbschaftslüsternen Vasallen und Kreaturen. Er machte sich nichts aus Schmeichelei, die er durchschaute – er verachtete Feigheit, haßte Servilität und Intrigen. Was er wollte, war unterhalten zu werden, und zwar möglichst gut unterhalten – ohne daß er selbst sich allzusehr dabei anstrengen mußte. Er umgab sich deshalb gern mit solchen Leuten, die an seiner Unterhaltung ebenso interessiert waren wie an ihrer eigenen, die seine Mucken und Sonderlichkeiten kannten und verstanden, und mit denen er sich, der selbst keinen Hausstand hatte, wie ein Patriarch oder Stammeshäuptling – so wie es eben seinem Gewicht und seiner Stellung entsprach – sehen lassen konnte. Der Hochleithnerische Stammtisch im Wirtshaus, schon mehr eine Tafel, um den riesigen Kachelofen herumgebaut, manchmal von fünfzehn bis zwanzig Familienangehörigen aller Altersstufen besetzt, denen der Herr Bräu in seinem breiten Armlehnsessel präsidierte, war denn auch wirklich ein imposanter Anblick. Außerdem hatte er herausgefunden, daß die Ärmsten unter seinen Verwandten im allgemeinen die phantasievolleren und amüsanteren waren. Sie hatten auch mehr Zeit und machten längere Ferien. Für die anderen, wohlbestellten Wirte und Brauer in seiner Schwäger- und Vetternschaft, die zwischen Salzburg und Innsbruck, Passau und Linz, Graz und Steyr in den berühmtesten alten Gasthöfen saßen, hatte er mehr Spott oder Geringschätzung übrig, er bezichtigte sie der Hausbackenheit und Engstirnigkeit, denn er wußte, daß sie sich ihrerseits gern über seine Reisen und seine weltläufigen Ambitionen lustig machten. Für die Mitglieder seiner ständigen Hofhaltung aber zeigte er oft eine ebenso unberechenbare wie ernsthafte und tiefgehende Anteilnahme, besonders für die Schicksale der jüngeren, heranwachsenden Generation. Es kam vor, daß er – niemals auf Grund von Bitten oder gar Bettelei, immer nur aus eigenem Antrieb – in schwierigen Fällen fast übertrieben große Hilfe leistete, worüber er sich nicht nur Danksagungen, sondern jede Erwähnung verbat. Anderseits war seine Generosität in hohem Maß mit seiner eigenen Laune und Lustbarkeit verbunden. Er brauchte Gesellschaft und Kumpanei für seine derberen und kultivierteren Genüsse. Er war kein Mann der heimlichen Gelüste und abgesonderten Vergnügungen. So kam es, daß mancher Köstendorfer Fuhrmann oder Viehschlachter den Unterschied zwischen den Whitestaples und den Selected Imperials, zwischen englischen, französischen und holländischen Austern kannte, wie sie oft während des Winters in metallverschlossenen Eisfäßchen mit der Bahn ankamen – daß es Mühlbauern und Forstgehilfen gab, die wußten, wie man einen Burgunderpfropfen aufzieht, einen Pommerykorken knallen läßt und wie ein alter Paul Roger oder ein Piper-Heidsieck gekühlt sein müsse. Und während an Feiertagen ganze Prozessionen von Salzburgern zur ›Straß‹ hinaus pilgerten, um das von Matthias Hochleithner gebraute ›Köstendorfer Spezial‹ zu kosten, ließ er für sich selbst – und für seinen Stammtisch natürlich – das teure Pilsener aus Böhmen kommen, dessen frischen, zart-bitteren Geschmack er unnachahmlich fand. In jüngeren Jahren hatte er manchmal mitten in der Woche Feiertag verkündet und seine Brauknechte im vierspännigen Pferdewagen, später im Auto, mit nach München genommen, wo er sie nach stundenlangem Besuch des Hofbräuhauses oder des Oktoberfestes zu einer großen Oper, etwa der ›Götterdämmerung‹ oder dem ›Tristan‹, in eine Loge des Prinzregententheaters einlud. Ihr rhythmisches Schnarchen während des Liebestodes muß den verzückten Wagnerianern recht arg auf die Nerven gegangen sein. Seit sich sein dicker, schwarzer Vollbart mit Silber durchzog (und die geheimnisvollen Anfälle häufiger wurden), reiste er weniger. An seiner Hofhaltung und seiner heimischen Lebensweise änderte sich nichts. Die Feste wurden gefeiert, wie sie fielen, die Arbeit des Alltags nahm ihren steten Verlauf, ohne sich aufdringlich bemerkbar zu machen, die Gäste kamen und gingen.

ULRICH OPHERK
## DIE BRAUKUNST DER KLÖSTER

Kurz vor der Jahrtausendwende nahmen sich Klöster der Braukunst an. Sie waren an der Entwicklung des Brauwesens bahnbrechend beteiligt, und noch heute verdankt ihnen die Brauwissenschaft wichtige Erkenntnisse. Insbesondere haben sie den Hopfen für die Bierherstellung populär gemacht.

Älteste Darstellung eines Brauers in Deutschland

Die berühmte Äbtissin Hildegard von Bingen (12. Jahrhundert), Naturforscherin und Ärztin, hat als erste über den Nutzen des Hopfens im Bier geschrieben.

Auch in dem Benediktinerkloster Weihenstephan wurde schon sehr früh Bier gebraut. Man nimmt an, daß die Mönche hier schon im 9. Jahrhundert Bier hergestellt haben. Im Jahre 1040 erhielten die Benediktiner vom Bischof Engilbert von Freising die erste bekannte Brauchgerechtsame als gewerbliche Brau- und Schankbefugnis.

Damit wäre die Weihenstephaner Brauerei die älteste gewerbliche Brauerei der Welt. Das ist allerdings in neuester Zeit angezweifelt worden, weil da vor ein paar Jahrhunderten eine Urkundenfälschung vorgekommen sein soll.

Die älteste Darstellung eines Bierbrauers in Deutschland zeigt dann auch einen Mönch. Sie stammt aus dem Mendelschen Bruderhausbuch, das 1379 in Nürnberg entstand. Der sechszackige Stern, der seit alters her als Sinnbild der Durchdringung der sichtbaren und unsichtbaren Welt galt, ist das beste und älteste Zunftzeichen der Brauer. Während der fünfzackige Drudenfuß vor irgendwelchen imaginären Kräften schützen sollte, zeigt der sechszackige Stern wahrscheinlich eine Verbindung zu den Elementen, mit denen die Bierherstellung (Erde: Gerste, Wasser: Brauwasser, Feuer: Darre/Sudhaus, Luft: Kohlensäure) im Zusammenhang steht. Auf vielen alten Wirtshausschildern ist dieser Stern noch zu finden.

Sicher stellt sich dem einen oder anderen die Frage, warum die Mönche sich so intensiv dem Bierbrauen gewidmet haben.

Ursprünglich bezweckten die Mönche mit dem Bierbrauen die Gewinnung eines nahrhaften und wohl-schmeckenden Getränkes als Beikost zu ihren Mahlzeiten, die vor allem während der Fastenzeiten sehr schmal waren. Bier war immer erlaubt, denn »Was flüssig ist, bricht kein Fasten«.

Über den Bierverbrauch in den Klöstern liegen recht erstaunliche Angaben vor. Immerhin berichten die Chronisten, daß das Permit für den Bierverzehr jedes Klosterinsassen bei fünf Maß am Tag gelegen habe. Einer Verordnung des Dekans Ekkehart I. zufolge standen jedem Klosterbewohner in St. Gallen täglich »sieben Essen mit reichlich Brot und fünf Zumessungen Bier« zu. Diverse Gemälde, auf denen Mönche beim Bier zu sehen sind, deuten darauf hin, daß sie »diesem Getränk sehr zugeneigt waren«. Besonders liebevoll hat der Maler Eduard Grützer (1846–1925) das Thema aufgegriffen.

Die Mönche brauten jedoch das Bier nicht ausschließlich für den Eigenbedarf. Jeder Wanderer oder Pilger, der an die Klosterpforte pochte, wurde mit Bier gelabt. Mit der Zeit entwickelten sich die Klosterbrauereien zu lukrativen Wirtschaftsbetrieben. Gegen Entgelt erhielten die Mönche das Recht, Bier gewerblich zu vertreiben. Wie Pilze schossen die Klosterschenken aus dem Boden, in denen nicht nur Gäste bewirtet, sondern auch über die Straße verkauft wurde.

Die immer umfangreicher werdende Klosterbiererzeugung, vor allem der florierende Ausschank von Klosterbier, wurde bald von den bürgerlichen Brauereien und Gaststätten als unliebsame Konkurrenz empfunden. Denn da die Mönche im Mittelalter die Braukunst erheblich voranbrachten, waren die Klosterbiere meistens besonders gut und entsprechend beliebt.

## VOM BIERBRAUEN, UND ALLEM DEMJENIGEN, WAS DAZU ERFORDERT WIRD

Es ist bekannt, daß ein jeder Ort sein sonderliches Bräuzeug gebrauchet, wie viel man allda bräuet, auch jeder Ort fast sein sonderliches Wasser dazu hat, so weiß demnach ein jeder, wie viel er Hopfen, Malz, Wasser und dergleichen bedürftig selbsten am besten, dann wollte man einem gleich sagen, welches das beste Wasser zum Bräuen wäre, so könnte er doch (wann es er an seinem Ort nicht hätte) dahin nicht fahren und solches abholen lassen, derowegen muß ein jeglicher an seines Ortes Wassers, woraus durch den göttlichen Seegen das Bier gebräuet werden solle, sich begnügen lassen.

So werden demnach zu Bereitung und Verfertigung eines rechtschaffenen guten und gerechten Biers, folgende fünf wesentliche Stücke erfordert, als nemlich:

> Für das erste ein gut Malz.
> 2. Ein guter Hopfen.
> 3. Ein gut Wasser, und dessen nicht zu viel
> 4. Ein guter Himmel oder Luft.

Und dann 5. ein rechtschaffener, erfahrner, fleißiger und getreuer Bräumeister der an ihme nichts erwinden lasse, und das Seinige fleißig beobachte.

*Der vollkommene Bierbrauer, 1784*

CONRAD SEIDL

## DER BRAUVORGANG

Man unterscheidet zunächst nach der Art der eingesetzten Hefe untergärige und obergärige Biere. Fast alle im deutschen Sprachraum üblichen Biere (Helles, Pils, Export, Lager, Märzen) sind heutzutage untergärig, also mit einer kühle Temperaturen liebenden Hefe, die sich unten im Gärgefäß absetzt (daher der Name), vergoren. Obergärige Biere waren früher die Regel, sie waren leichter herzustellen. Heute sind es meist Spezialitäten, sie werden uns in Deuschland in Form des Weißbiers, der Altbiere, des Kölsch und der Berliner Weissen begegnen, in England als Ale, in Belgien unter anderem als Abteibier. Diese Biere werden mit einem wärmeliebenden Hefestamm vergoren [...].

Die verwendete Hefe ist aber nur eines der Merkmale, die über den Biertypus entscheiden: Ähnlich wichtig ist das verwendete Getreide – man unterscheidet Pilsner, Wiener und Münchner Malze nach ihrer Farbe, es gibt Karamel-, Rauch- und Röstmalz. Sie alle werden aus eiweißarmer zweizeiliger Sommergerste gewonnen, die eingeweicht, angekeimt und schließlich gedarrt (getrocknet) wird. Der Vermälzungsvorgang aktiviert nicht nur Geschmacksstoffe, sondern auch natürliche Enzyme, die die im Getreide enthaltene Stärke während des späteren Brauvorganges in Zucker aufspalten. Außer Gerste kann auch Weizen oder Roggen vermälzt werden, was vor allem für obergärige Biere bedeutsam ist.

Um aus dem Malz die für das Bier nötigen Stoffe zu lösen, muß es geschrotet und mit warmem Wasser behandelt werden. Dieser Vorgang, bei dem die für das Lösen der wesentlichen Inhaltsstoffe des Bieres notwendigen Enzyme freigesetzt werden, wird Maischen genannt.

Die für einen Sud benötigte Malzmenge heißt »die Schüttung«, die zum Einmaischen benötigte Wassermenge ist »der Guß« und beträgt je nach Biersorte zwei bis vier Hektoliter Brauwasser auf 100 kg Gerstenmalz. Leichtbiere werden mit deutlich weniger, Bockbiere mit deutlich mehr Malz eingemaischt. Je mehr Malz verwendet wird, desto höher ist der sogenannte »Stammwürzegehalt«. In Österreich werden Biere nicht nur nach Geschmacksmerkmalen (etwa Pils) und den verwendeten Rohstoffen (etwa Weizenbier), sondern vor allem nach dem Stammwürzegehalt klassifiziert.

Bei der Stammwürze handelt es sich um eine Kennziffer für die vergärbaren Bestandteile in der unvergorenen Bierwürze, wie sie das Sudhaus der Brauerei verläßt – der Stammwürzegehalt darf daher nicht mit dem Alkoholgehalt des Biers verwechselt werden. Zeigt das Saccharometer ein Grad Stammwürze an, so heißt das, daß in 100 Gramm unvergorener Würze ein Gramm Extrakt enthalten ist. Erst durch die alkoholische Gärung wird aus der Bierwürze Bier – und der Alkoholgehalt läßt sich nach der Faustformel »zweieinhalb Grad Stammwürze = ein Volumsprozent Alkohol« abschätzen.

In den meisten europäischen Ländern ist es gestattet und üblich, einen kleinen Teil der Schüttung in Form von Reis oder Mais einzusetzen. Diese »Rohfrucht« bringt zwar Stärke, nicht jedoch Enzyme zur Verzuckerung oder gar Geschmacksstoffe ein. Daher wirken mit Roh-

# DIE WICHTIGSTEN VORGÄNGE
# BEI DER MALZ- UND BIERHERSTELLUNG

## Mälzerei

**Weichen:**

Aufnahme des zur Keimung notwendigen Wassers.

**Keimung:**

Bildung von Diastase und anderen Enzymen — „Auflösung" des Korninhalts.

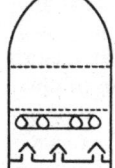

**Darren:**

Unterbrechen des Keimvorgangs durch Wasserentzug — Bildung von Farbe und Aroma.

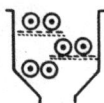

**Schroten:**

20 % Spelzen
60 % Grob- und Feingrieß
20 % Mehl.

## Sudhaus

**Maischen:**
Umwandlung von Stärke in Dextrine und Malz-Zucker — Eiweißabbau.

**Abläutern:**

Trennung der Vorderwürze von den Trebern — Auslaugen der Treber.

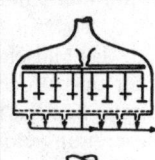

**Hopfenkochen:**

Lösung von Hopfenbitter- und Aromastoffen — Eindampfen der Würze auf die gewünschte Konzentration — Bruchbildung — Zerstörung der Enzyme — Sterilisieren der Würze.

**Kühlen der Würze:**

Trennung des Trubs von der Würze — Abkühlen auf die Anstelltemperatur.

## Gär-Keller

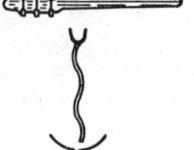

**Haupt-Gärung:**

Malz-Zucker wird von der Hefe in Alkohol und Kohlensäure gespalten.

## Lager-Keller

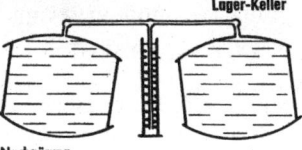

**Nachgärung:**
Sättigung des Bieres mit Kohlensäure — „Bindung" von Kohlensäure — Reifung und Klärung des Bieres.

frucht gebraute Biere ein wenig schlanker, andererseits kann der Rohfruchtanteil nicht beliebig erhöht werden.

Im Anschluß an das Maischen werden feste und flüssige Teile – Treber und Würze – getrennt. Man spricht vom »läutern«, also reinigen. Tatsächlich ist der weitere Vorgang der Bierbereitung ein Reinigungsprozeß: Durch das Kochen der Würze im Sudhaus wird diese steril; es kommt der Hopfen dazu, der für Aroma und Haltbarkeit sorgt. Dann wird die heiße Würze ausgeschlagen – Hopfenreste und Eiweißpartikel setzen sich in einem Sieb und im sogenannten Whirlpool ab. Schließlich kommt die Hefe zur abgekühlten Würze. Sie vergärt innerhalb von einigen Tagen den Großteil des in der Würze gelösten Malzzuckers zu Alkohol und Kohlensäure. In einer zweiten Phase der Gärung wird das Jungbier kühl gelagert – bei untergärigen Bieren in den eiskalten Lagerkellern der Brauerei, wo sich das mit einem gewissen Druck gelagerte, langsam weitergärende Bier mit Kohlensäure anreichern kann.

## DAS REINHEITSGEBOT VON 1516

### WIE DAS PIER SUMMER VND WINTER AUF DEM LAND SOL GESCHENCKT VND PRAÜEN WERDEN

Item Wir ordnen / setzen / vnnd wöllen / mit Rathe vnnser Lanndtschafft / das für an allennthalben in dem Fürstenthůmb Bayren / auff dem Lande / auch in vnsern Stetten vnd Märckthen / da deßhalb hieuor kain sonndere ordnung ist / von Michaelis biß auff Georij / ain

Der Gambrinus

mass oder kopff piers über ainen pfenning Müncher
werung / vnd von Sant Jorgentag / biß auff Michaelis /
die mass über zwen pfenning derselben werung / vnd
derenden der kopff ist / über drey haller / bey nach-
gesetzter Pene / nicht gegeben noch außgeschenckht
sol werden. Wo auch einer nit Mertzen / sonder annder
Pier prawen / oder sonst haben würde / sol Er doch
das / kains wegs höher / dann die maß vmb ainen
pfenning schencken / vnd verkauffen. Wir wöllen
auch sonderlichen / das füran allenthalben in vnsern
Stetten / Märckthen / vnd auff dem Lannde / zů kainem
Pier / merer stückh / dann allein Gersten / Hopffen /
vnd wasser / genomen vnd gepraucht sölle werden.
Welher aber dise vnsere Ordnung wissentlich überfaren
vnnd nit hallten wurde / dem sol von seiner gerichtzöb-
rigkait / dasselbig vas Pier / zůstraff vnnachläßlich / so
offt es geschicht / genommen werden. Jedoch wo ain
Geüwirt von ainem Pierprewen in vnnsern Stetten /
Märckten / oder aufm Lande yezůzeiten ainen Emer
piers / zwen oder drey / kauffen / vnd wider vnntter
den gemaynnen Pawrsuolck ausschenncken würde /
dem selben allain / aber sonnßt nyemandts / soll dye
mass / oder der kopffpiers / vmb ainen haller höher
dann oben gesetzt ist / ze geben / vnd / außze-
schencken erlaubt vnnd vnuerpoten.

## EINIGE RATSCHLÄGE

### *Ein Bier wieder recht frisch zu machen*

Nehmet sauber durchgesiebte Aschen von Buchen- oder Birkenholz, auf einen Eymer eine gute Hand voll, macht es mit dem Bier, wie einen Brey an, thut dann solchen in das Faß, rühret es mit einem saubern Holze wohl um, lasset es wieder ruhen, so wird das Bier fein frisch.

### *Dem Bier einen lieblichen Geruch und Geschmack zu machen*

Man nimmt gröblicht zerstossene Veilwurzel, thut es in ein Säcklein und hänget solches in das Faß.

2. Oder: Man nimmt besagter Veilwurzel, gedörrter Citronen- oder Pommeranzenschaalen, vermischet es gröblicht zerstossen unter einander, und hänget es mit einem Säcklein in das Bier.

3. Oder: Man nimmt Gewürznegelein und Lorbeer, eines jeden ein Loth, oder nachdeme des Biers viel ist zwey Loth, vermischt es gröblicht zerstossen unter einander, und hänget es in das Bier.

4. Oder: Man nimmt Citronenschaalen und Veilwurzel, hänget solches in das Bier, absonderlich in das weiße Bier.

*Der vollkommene Bierbrauer, 1784*

HERMANN FÜRST VON PÜCKLER-MUSKAU
## DIE BARCLEYSCHE BRAUEREI

Den 28. [1827]

Da ich (als deutscher Ritter) auch ein Bierbrauer bin, so lenkte ich mein Kabriolett zuerst nach jener durch ihre ungeheuren Dimensionen fast phantastisch gewordenen Barcleyschen Brauerei, einer der sehenswertesten Merkwürdigkeiten Londons. Hier werden täglich zwölf- bis fünfzehnhundert Fässer, das heißt gegen 20 000 große Quart Bier gebraut. Alles wird durch Maschinen bewegt, aber eine einzige Dampfmaschine treibt diese und zugleich die Flüssigkeit durch alle Instanzen in kupfernen Röhren hin, die, beiläufig gesagt, das Bier eben nicht zum gesündesten machen mögen. In vier Kesseln wird es gekocht, deren jeder dreihundert Fässer und darüber faßt. Beim Kochen wird der Hopfen zuerst trocken in die Kessel getan, und eine Maschine rührt ihn beständig um, damit er nicht anbrenne. Die süße Masse fließt während des Rührens fortwährend zu. Eine besondere Vorrichtung findet statt, um das Bier in der heißen Jahreszeit zu kühlen. Es wird nämlich zu diesem Endzweck durch eine Menge Röhren, die einer Orgel mit ihren Pfeifen gleichen, getrieben, worauf frisches Wasser denselben Weg nachgeht, und so fort, immer mit dem Biere abwechselnd. Zuletzt fließt das fertige Getränk in haushohe Faßbehälter, deren es unter gigantischen Schuppen 99 gibt. Nichts ist sonderbarer, als sich ein solches Haus, das 60 000 Quart enthält, anzapfen zu lassen, um ein kleines Glas vortrefflichen Porters zu schöpfen, der sich so kalt wie Eis darin erhält. Diese Fässer sind oben mit einem kleinen Hügel frischen Sandes belegt und konservieren das Bier ein Jahr lang frisch und gut. Dann erst wird es auf kleine Fässer gezogen und an die Käufer versendet. Das Abziehen geschieht durch Schläuche, wie das Begießen aus einer großen Spritze, sehr schnell, da die kleinen Fässer schon in Gewölben unter dem Boden des Raumes, wo die großen aufbewahrt werden, bereitstehen.

Bierbrauerei in London im 18. Jahrhundert

DIETRICH HÖLLHUBER
## DAS BIER UND DIE INDUSTRIELLE REVOLUTION

Um 1800 hatte die industrielle Revolution Deutschland noch nicht erreicht. In den Brauereien wurde ohne mechanische Hilfen gearbeitet, während in Schmieden, Mühlen und anderen Handwerksbetrieben bereits Neuerungen eingezogen waren. Das Bier, das man damals braute und das nicht ohne Grund oft »grünes Bier« genannt wurde, schmeckte zumindest im obergärigen Bereich oft nicht sonderlich gut. Säuerung und Gärung waren dem Zufall überlassen. Zwar kannte man bereits die Bedeutung der Hefe, aber was sie in der Würze bewirkte, war unbekannt. Von Reinzucht noch keine Rede, man konnte den Gärprozeß nicht steuern. So war jeder Sud eine Überraschung, für den Brauer wie für den Kunden. Weggeschüttet wurde kaum etwas, nicht umsonst liest man immer wieder über Beschwerden der Kunden über unzureichende Bierqualität.

Obergärig also wurde gebraut, sieht man von Altbayern, Teilen Schwabens und den großen Städten Frankens ab. Zwar kannte man spätestens seit dem 15. Jahrhundert die untergärige Hefe, aber das untergärige Brauverfahren hatte Nachteile, die nur in wenigen Gebieten Deutschlands durch seine Vorteile aufzuwiegen waren. War untergäriges Bier voller und vor allem länger haltbar als obergäriges, so benötigte es andererseits niedrigere Gärtemperaturen und niedrigere Lagertemperaturen. Auch mußte es länger lagern, bis man es trinken konnte, und Jungbier, das nach der Hauptgärung nur zwei Wochen lagern konnte, schmeckte schlicht widerlich. Also konnte man untergärig nur dort brauen, wo man niedrigere Durchschnittstemperaturen und die Möglichkeit zur Anlage tiefer Sommerkeller hatte. Das war nur in den kühleren Regionen des alpennahen Bayerns und in den Sandsteinregionen Frankens, der Oberpfalz und in Oberschwaben der Fall. [...]

Die 1877 patentierte Ammoniak-Kältemaschine von Linde stellte den Durchbruch auf dem Gebiet der Kühlung dar. Nun war es endlich möglich, auch im Sommer die für die Gärung und Lagerung nötigen Temperaturen ohne den riesigen Aufwand eines Eiskellers zu erreichen. Nur: so eine Kältemaschine war eine Rieseninvestition. Und die kleineren Brauer in den größeren Städten konnten nun zum Teil nicht mehr mithalten. Die Zeit war reif für's Brauereisterben, das 1880 begann und bis heute nicht aufgehört hat.

Ziemlich gleichzeitig mit der Kältemaschine kamen die Entdeckungen Pasteurs den Brauern zu Hilfe. Sein Verfahren zur Keimtötung, später Pasteurisierung genannt, gab den Brauern nun erstmals Möglichkeiten, ihr Bier wirklich haltbar und damit auch für den internationalen Transport verwendbar zu machen. Und seit 1881 kam die Bierhefereinzucht hinzu. Nun war es nicht mehr ein Vabanquespiel, wie die Gärung verlaufen würde. In Dortmund, Altona, München und anderswo entstanden Exportbierbrauereien. Pasteurisiertes Bier im »glasemaillierten schmiedeeisernen Faß« (Holsten, Hamburg-Altona) und Linde-Kühlräume auf Ozeandampfern waren um 1900 der letzte Schrei. Die Dortmunder begannen ihren Markt für ihr goldgelb-süffiges Export, das »Dortmunder« auszuweiten, die Münchner für ihr dunkles und malzsüßeres »Münchner«, dem Paulaner 1928 mit der Einführung seines »Hellen« ein abruptes und unverdientes Ende setzte. Die Flaschenabfüllung setzte sich bei den größeren Brauereien durch, bei Pschorr 1867, bei Bitburger 1880, um nur zwei zu nennen.

MICHAEL JACKSON

### WELCHES BIER?

Ein berühmter Werbespruch besagt einfach »Bier ist das Beste«. Er sagt jedoch nicht, welches.

Um den Durst zu stillen, gibt es kaum etwas Besseres als eine *Berliner Weiße*. Seit ihr trübes Gegenstück in Löwen verschwunden ist, bleibt Belgiern nur noch die Wahl zwischen der *Gueuze* aus Brüssel oder der *Hoegaardse Wit*. An heißen Tagen bekommt man in Hamburg überall das Alsterwasser. Tropischer Durst läßt sich am besten mit einem starken und säuerlichen Stout löschen. Englische und irische Bierfreunde ziehen statt dessen eher ein *Black Velvet* vor. Die leichten Alltagsbiere in den USA stillen hervorragend den Durst, auch wenn ihnen das volle Aroma fehlt, wie es der Europäer von einem Bier erwartet. Für den Durst ist amerikanisches Budweiser besser als das tschechische Original. Weil die böhmischen Biere so gut gehopft sind, sorgt ihr trockener Geschmack dafür, daß dem ersten bald das zweite Glas Pilsener folgt.

Ein besserer *Aperitif* als ein gut gehopftes Bier ist kaum zu bekommen. Nach der Arbeit verbringen die Holländer das, was sie die »glückliche Stunde« nennen, im Café. Wenn einen anschließend Straßenbahn oder S-Bahn mit dem richtigen Appetit zum gemütlichen

Peter Jacob Horemans: Wirt bei der Brotzeit

Abendessen nach Hause bringen, ist des Tages Müh'
längst vergessen. Eine der eher weinigen *Trappisten*-
Spezialitäten, ein *Dubliner Stout* oder ein *Burton Bitter*
lassen dagegen einen Vorortpendler schon heißhungrig
werden, bis er nach Hause kommt.

Ein *India Pale Ale* paßt genauso gut zum Bangalore
Curry wie zu den herzhaften Gerichten im Norden Europas. Doch gibt es viele, die den weniger herben Geschmack des *Dortmunders* zum Essen vorziehen. Dieses
Bier ist nur leicht gehopft und nicht zu aromatisch, aber
auch nicht zu mild, sondern eher gehaltvoll, ohne freilich schwer zu sein. Es hat gerade die rechte Ausgewo-
genheit für ein Getränk zum Essen. Recht ansprechende
*Tafelbiere* gibt es in Belgien, doch sind diese wohl nur
für Kinder bestimmt!

Für die Verdauung gibt es wohl kaum etwas Besseres
als ein *Kölsch*, das nur in Köln und Umgebung zu haben
ist, ausgenommen das *Krieken-Lambic* in der Brüsseler
Gegend – je nachdem, ob man *Mettwurst* oder Muscheln
ißt. Vom Alltags-*Hellen* oder auch Oktober-*Märzen* lassen die Münchner, um den *Maibock* zu probieren. Doch
nur ein richtiger *Doppelbock* wirkt im Winterwetter Wunder. Ein echter *Winter Warmer* wird in London gebraut.
Und zum Tagesausklang kann uns ein starkes Bier herr-
lichen Schlaf schenken. So hat das *Scotch Ale* seine
Freunde, aber unübertroffen ist in dieser Hinsicht das
*Russian Stout*.

REINHARD P. GRUBER

## ICH LIEBE BRAUEREIEN

»Ich liebe Brauereien«, sagte \*\*\*, »aber ich möchte keine Arbeit in einer Brauerei; mir reicht der Genuß, den mir eine Brauerei bereitet. Für mich ist eine Brauerei kein Arbeitshaus, sondern ein Genußwerk. Wenn Sie mich fragen sollten – Sie reden doch hoffentlich von einer *Bier*brauerei? – dann würde ich erwähnen, daß mir sämtliche Produkte, die eine Brauerei verlassen, sympathisch sind. Für den ersten Durst, das müssen Sie wissen, für den ersten Durst haben die Brauereien das Märzenbier erfunden. Wird im Märzen gebraut, und heißt deshalb Märzenbier, wie Sie wissen werden. Es ist das normale Helle und ich kenne es in- und auswendig, offen und in der Flasche, das können Sie mir glauben. Haben Sie den ersten Durst, sagen wir beispielsweise nach dem Besuch einer Sauna, mit zwei Krügel Märzen gelöscht, dann würde ich empfehlen, als Übergangsstadium zu einem Mischbier zu greifen, da kommt der gute Malzgeschmack noch richtig zum Tragen. Mischbier habe ich gesagt, halb hell, halb dunkel, und deshalb lange nicht so süß wie das dunkle pur. Höchstens zwei Krügel, besser aber nur eines, und dazu ein Bierstangerl oder ein frisches Brezerl. Warum? Das Dunkle macht zu schwer, macht den Mut schwer und führt daher zum Schwermut. Daher als Begleitung immer ein frisches Salzgebäck mit leichtem Kümmeleinschlag, das erfrischt richtig, da braust die Kohlensäure drüber weg und überschlägt sich in einer Welle Richtung Schlund. Ja …! wollte einer sowas niederschreiben oder vorlesen, er müßte unwillkürlich zum Bier greifen! Beim Nachbestellen Vorsicht! Wer Mischbier trinkt, den merkt sich jede Kellnerin, und wenn Sie nicht aufpassen, kriegen Sie bis zur Sperrstunde nur mehr Mischbier, wenn Sie ihr nicht laut, deutlich, klar und bestimmt auftragen, daß das nächste Bier, das aufgetragen werden soll, ein Pils sein soll! Ein herbes, trockenes Pils! Eine ganze Batterie von Magennerven hat nach den beruhigenden Mischbierschlucken schon der Sehnsucht voll darauf gewartet, endlich harte Kost zu kriegen, ein Bier, so hart wie Ihre Prinzipien, herb wie das Leben selbst und edel wie die Lust, das ideale Bier zum Ausklang eines schönen Tages, zum Auftakt einer schönen Nacht.

Nein, Herr Stellenvermittler, ich spreche hier nicht von den Wirkungstrinkern, die den edlen Gerstensaft als Spülmittel verwenden für geschmacklose Schnäpse, in degradieren zum CIF der Gaumenhöhle, das zwar reinigt ohne Kratzer, aber bezeichnenderweise mit dem größten Schmutz fertigzuwerden hat: nämlich mit den Industrie-Wodkas und den Industrie-Doornkaats und den Industrie-Obstlern und den Industrie-Slivos, die unsere Wirte zum Ausbrennen unserer Geschmackszellen überall bereithalten. Ja, wohin denn, so frage ich Sie, Herr Stellenvermittler, soll denn der Sturzbach des elixiriösen Pilsner, wie ich sagen möchte, sich dann ergießen als auf eine ausgedörrte, verbrannte, gefühllose, taube, lederartig zusammengezogene Zunge, die nichts anderes mehr wahrnehmen kann als Flüssigkeit ohne jede Unterscheidungsmöglichkeit? Jedes Tier, Herr Stellenvermittler, das behaupte ich, jedes Tier hat eine sensiblere Zunge als der Wirkungstrinker im Sinne des Industrie-Schnaps-Vertilgers, der die Ehre eines kühlen Pils mit jedem Spülungsschluck entehrt! Sie selbst, Herr Stellenvermittler, haben vielleicht auch schon zwei oder drei Pils in ihrem Leben getrunken, und das mit Genuß, wie ich vermute, vielleicht im Ausland, im Urlaub vielleicht, wenn Sie sich gehenlassen, das nimmt Ihnen schließlich niemand übel, außer Sie selbst, und selbst das ist unnötig, es sieht Sie ja niemand im Ausland, aber ich darf doch annehmen, Herr Vermittler, daß Sie selbst in solchen Extremsituationen nie auf die Idee gekommen sein können, einen Industrie-Schnaps mit einem Pils hinunterzuschwemmen? Sie selbst bevorzugen wahrscheinlich ja das Export-Bier in der kleinen Flasche, nichts einzuwenden dagegen, im Gegenteil, im Inland trinke ich auch des öfteren Export-Bier einer einheimischen Bierbrauerei, ich verstehe das, daß Sie den Genuß einer kleinen Flasche höher bezahlen, weil sich ja schließlich auch der Gaumen auf einen höheren Genuß einstellen kann, weil ja schließlich die Menge eine kleinere ist und daher auch eine kostbarere, das verstehe ich vollkommen und leiste sie mir daher auch manchmal, wenn ich kann, versteht sich. Ebenso bin ich ein Freund des Starkbiers, das werden Sie nicht gewußt haben, aber ich merke es Ihnen schon an, daß Sie sich jedes Jahr auf den Winter freuen, so wie ich, wenn die ersten Fässer mit dem Weihnachtsbier, dem Bockbier, angeschlagen werden, wenn die grünumkränzten Werbeschilder mit dem Steinbock an den Eingangsportalen unserer Wirtshäuser prangen, obwohl das Bockbier so gut wie nichts mit einem Bock zu tun hat, aber ich bitte Sie, das Volk soll seine Etymologie haben und sein Bier dazu.

Einbeck sage ich, Einbecker Bier, das ist der Ursprung des Bockbiers, im hohen Norden gelegen, wo das

Deutsch noch so klar gesprochen wird wie das Bier aussieht. Stark und hell, wie die nordische Rasse, so ist das Einbecker Bier, sage ich immer, ich bin doch kein Rassist? Stark und dunkel, so wie das irische Volk, das behaupte ich schließlich auch, ist das irische Guinness! [...]«

# III. BIERFRAUEN, BIERHEXEN, KELLNERINNEN

ROLF LOHBERG

## BRAUEN ALS FRAUENSACHE

Bei den Germanen war das Brauen Frauensache; es gehörte in die hauswirtschaftliche Abteilung wie Kochen und Backen. In den Bräuhäusern des frühen Mittelalters sah man nur Frauen. [...]

Im Mittelalter (und in manchen norddeutschen Gebieten noch im vorigen Jahrhundert) gehörte der Braukessel zur Mitgift. Und es war Sitte, daß eine Frau, die gebraut hatte, ihre Nachbarinnen zu einem »Bierkränzchen« einlud. Bei dem war es oft üblich, Brot ins Bier zu brocken und so zu essen. (Daraus wurden dann später die weit spießigeren Kaffeekränzchen.)

Waren die »Bierkränzchen« noch recht brav und gesittet – die »Weiberzechen« und »Weiberschulen« waren es nicht unbedingt. Die gab es im Mittelalter ebenfalls; Kneipen, in denen nur Frauen zugelassen waren.

[...] Auch Martin Luther wußte eine ganze Menge vom Bier. Aber das hatte er von seiner Frau. Die hieß Katharina von Bora und war Brauerin von Beruf. Das hatte sie im Kloster gelernt. Dort hatte sie auch die Brauberechtigung bekommen – und später privat weitergenützt. Nachdem sie Luther geheiratet hatte, braute sie zu Hause. Und Martinus schwärmte von ihren Braukünsten. Oft bekam er Bier von Fürsten und Stadtvätern als Ehrengabe geschenkt. Zu seiner Hochzeit gab es sogar ein Faß Einbecksches. Aber Katharinas Bier blieb sein Leibgetränk. Von unterwegs schrieb er an seine »gnädige Jungfer Katharina Lutherin von Bora und Zulsdorf, mei-

61

**Feme de Brasseur.**     **Eine Bierpreüin.**

1 Entonnoir. 1 Trachter. 2 anches. 2 Faßhanen. 3 cuvette. 3 ein Bierbrente. 4 le renuou-
4 Kühl schauffel. 5 pipeau. 5 ein Zicher. 6 Sac à grain. 6 ein Sack mit Malz. 7 Seau à rem-
plage. 7 ein füll Kübel. 8 un maillet. 8 ein Schlegel. 9 un broc. 9 eine Bütsche. 10 mesure d'un
pot. 10 das Gemäß. 11 un tonneau à bierre. 11 ein Bier faß. 12 la broche. 12 der Zapffen.

Cum. Priv. Maj.         Mart. Engelbrecht. Scud. A.V.

nem Liebchen«, sie möge doch »ein Pfloschen ihres Bieres zu ihm schicken so oft sie könne«.

Und er drohte, wenn Katharina zögere, ihm von ihrem Bier zu schicken, würde er »vor dem neuen Bier einfach nicht nach Hause kommen«.

WOLFGANG RÖLLIG

## NINKASI – DIE HERRIN, DIE DEN MUND FÜLLT

Sie dürfte schon in der 1. Hälfte des 3. Jahrtausend v. Chr. verehrt worden sein, auch wenn die Belege dafür noch fehlen. Sie gilt als Tochter des Gottes Enki von Eridu, was dadurch erklärt werden kann, daß dieser Gott der Weisheit und Schöpfer menschlicher Kultur den Getreideanbau förderte und dadurch auch die Herstellung von Bier möglich machte. Mit welchen Gefühlen man sie verehrte bringt uns ein Text nahe, der am Anfang eines sumerischen Epos über Lugalbanda, einen Herrscher von Uruk, steht. Dieser Fürst macht sich in das Gebirge auf, um das Junge des Anzu-Vogels, einer mythischen Figur, zu überlisten und überlegt sich Wege, wie er das zu Stande bringt. Er will es mit dem berauschenden Bier versuchen und sagt zu sich selbst:

> Ninkasi, die Kluge, Zierde ihrer Mutter,
> Ihr Maischbottich ist aus grünlichem Lapislazuli
> Ihr Krug für das Bier ist aus geläutertem Silber
> und Gold.
> Wenn sie beim Bier steht, wird es prächtig,
> Wenn sie neben dem Bier sitzt, bereitet es Freude.

> Mit dem Becher schenkt sie Bier aus, geht
> unermüdlich umher
> Ninkasi, das b u g i n -Gefäß an der Seite, ...
> Möge den Wein, den ich darbringe, besonders gut
> machen. –
> Der Vogel, der das Bier trank, (danach) glücklich
> dasitzt,
> Er soll mich den Aufenthalt (der Truppen von)
> Uruk finden lassen.

Der Wirkungsbereich der Göttin wird hier genau angegeben: Sie bereitet die Maische und braut das Bier. Sie sitzt neben dem Bierkrug an der Theke oder läuft im Lokal herum, um alle Kunden zu versorgen. Sie ist ein genaues Abbild der Schenkin unter den Menschen, hat alle deren Funktionen. Sie ist natürlich auch Göttin, übermenschliches Wesen, und so kann sie auch veredelnd auf den Rauschtrank einwirken, der das Junge des Anzu-Vogels zufrieden und glücklich macht und ihm die Zunge löst, so daß er dem Helden hilfreich wird.

PETER KANN

## DAS MANIOK-BIER DER SÜDAMERIKANISCHEN JIVARO-FRAUEN

Vorweg sei festgestellt, daß die gesamte Verantwortung für die Zubereitung und Verteilung des Maniok-Bieres in den Zuständigkeitsbereich der Frau fällt. Dies hat letztlich religiöse Gründe, da die Maniokpflanze als weiblich gilt bzw. als weibliches Geistwesen angesehen wird,

und daher nur Frauen mit diesen in Kontakt kommen
dürfen.

Auf dem Heimweg vom Feld, wo die Maniokknollen – die Jivaro bauen den Süßmaniok an – ausgegraben
wurden, wäscht man diese sorgfältig in einem Bach und
transportiert sie mit einem Tragekorb nach Hause.

Die geschälten und kleingeschnittenen Maniokstücke
werden mit wenig Wasser in einem Topf gekocht, der
mit Blättern verschlossen ist. Dann wird der Topf vom
Feuer genommen, die Frau setzt sich davor und beginnt
mit einem paddelförmigen Rührholz die Maniokstücke
zu zerrühren, solange diese noch warm sind. Gleichzeitig beginnt sie die Maniokstücke zu zerkauen, entfernt
die faserigen Teile, fügt eine zerkaute Süßkartoffel
hinzu, und kaut solange die Stücke, bis die ganze Masse
einen süßlichen Geschmack annimmt.

Wenn die Frau meint, daß die Behandlung ausreichend ist, deckt sie den Topf zu und läßt seinen Inhalt
rasten. In der Nacht rührt die Frau manchmal die Masse
um, fügt ein wenig von einer alten Chicha hinzu
und verschließt zuletzt den Topf mit einigen Blättern.
Während des Fermentierungsprozesses in der Nacht
macht die Chicha Geräusche, die die Jivaro als »die
Chicha spricht« bezeichnen.

Am nächsten Morgen wird die neue Chicha zunächst
dem Mann serviert: am Boden des Topfes befindet sich
der wäßrige und zugleich beste Teil der neuen Chicha
mit ca. 12–13°, süß mit einem herb-bitteren Nachgeschmack. Der obere Teil im Topf ist dicker und wird zur
Hälfte mit Wasser vermischt und durch ein Sieb filtriert.
Er ist weniger stark (6–8°) und schmeckt nicht so
intensiv.

THORNTON WILDER

## DOÑA MARIA ENTDECKT DIE CHICHA

Die Marquesa war, ganz abgesehn davon, daß sie die
unverschämten Lieder nicht gehört hatte, auch in andrer
Hinsicht auf den Besuch der Schauspielerin nicht vorbereitet. Man muß wissen, daß Doña Maria nach der Ab-
reise ihrer Tochter auf eine gewisse Tröstung geraten
war: sie hatte sich das Trinken angewöhnt. Jedermann
in Peru trank *chicha,* und es war keine besondere
Schande, an einem Festtag bewußtlos angetroffen zu
werden. Doña Maria hatte zu entdecken begonnen, daß
ihre fieberischen Selbstgespräche danach angetan waren, sie die ganze Nacht wach zu halten. Einmal hatte
sie vor dem Schlafengehn ein köstliches Kelchglas
*chicha* getrunken: Vergessenheit war so süß gewesen,
daß sie alsbald größere Mengen beiseite schaffte und
ihre Wirkung vor Pepita zu verbergen suchte; sie deu-
tete an, sie wäre nicht wohl, und tat, als verfielen
ihre Kräfte. Zuletzt verzichtete sie auf alle Verstellung.
Die Schiffe, welche ihre Briefe nach Spanien brachten, segelten nicht öfter als einmal im Monat. Während
der Woche, die dem Zurechtmachen des Pakets vor-
anging, legte sie sich strenge Mäßigung auf und be-
suchte fleißig die Stadt, um Stoff zu sammeln. Endlich,
am Vorabend des Posttags, schrieb sie den Brief, ver-
schnürte das Bündel gegen Tagesanbruch und legte es
für Pepita bereit, damit diese es dem Kurier übergebe.
Dann, sobald die Sonne aufging, schloß sie sich mit
einigen Karaffen in ihrem Zimmer ein und glitt durch
die nächsten Wochen ohne die Last des Bewußtseins
dahin. Endlich tauchte sie aus ihrem Zustand von Selig-

keit wieder empor und begann eine Zeit der ›Einübung‹ als Vorbereitung für die Niederschrift des nächsten Briefs.

IRENE KRAUSS

## VON DEUTSCHEN BIERHEXEN

Abergläubischen Vorstellungen zufolge waren die Sündenböcke für schlecht gewordenes Bier in erster Linie die sogenannten »Bierhexen«. Aus der Mark Brandenburg sind verschiedene Gerichtsurteile über Frauen bekanntgeworden, die als Bierhexen »wegen verdorbenem Bierbräu« angeklagt und nicht selten auch verbrannt worden sind. So geschehen 1565: Die Perlebergerin Frau Briesemann wurde bezichtigt, dem Joachim Mellemann das Bier durch Zauberei verdorben zu haben. Ähnliches wurde der Perlebergerin Frau Garmar vorgeworfen, die dem Berndt Schneider Gift in die Bräugefäße geschüttet haben soll. Ebenso schaurig liest sich das 1581 abgeschlossene Verfahren gegen eine Frau Katharina Janeken aus dem Dorf Glöwzin: »[...] bekennt freiwillig und ohne Tortur, [...] Paul Ebels zu Glowezin olde [den alten, Anm. d. Verf.] Hans Ebeln und seine letzte Frau ungefähr vor 3 oder 4 Jahren« mit giftigem Bier getötet zu haben.

Angesichts drohender oder durchgeführter Mißhandlungen verwundert es nicht, daß die Angeklagten auch andere, gleichfalls unschuldige Frauen der Hexerei bezichtigten. Ende des 16. Jahrhunderts ist ein Urteil aus Wittstock bekanntgeworden, weil eine Frau unter Folter eine andere beschuldigt hatte, fliegende Geister in ein Brauhaus gesandt zu haben.

In Schlawe (Pommern) klagte man 1538 die Bürgermeisterin an, ihrer Stieftochter ein dickflüssiges, schwarzes Bier zugesandt zu haben, worauf diese in Raserei ausgebrochen sei. Aus heutiger Sicht haben solche Halluzinationen einen durchaus realistischen Hintergrund. Solange Hopfen als Bitterstoff noch nicht gebräuchlich gewesen war, verwendete man alle möglichen Kräuter zum Würzen, die zum Teil giftig waren und Wahnvorstellungen bewirken konnten. Bilsenkraut beispielsweise vermochte durchaus Visionen hervorzurufen.

Überliefert ist auch, daß viele Frauen tatsächlich an die Heilkraft der Grundnahrungsmittel Brot und Bier glaubten, diesen sogar besondere Zauberkräfte andichteten. 1583 wurde eine Frau festgenommen, die jeden Morgen einen Krug Bier und ein Brot zu einem Fliederbusch getragen hatte, von dem sie sich Hilfe in der Not versprach.

Frauen mit Kinderwunsch sollten mit Hilfe von Bier schwanger werden. Wurde bei einer Hochzeitsfeier Bier verschüttet, galt dies als Zeichen dafür, daß die Braut bald schwanger wird. Bei Taufen ging es ebenfalls trinkfreudig zu, was man in der sächsischen Polizeiordnung aus dem Jahre 1661 nachlesen kann. Demnach wurde verboten, »daß bei dem Taufgang vor jedem Bier- und Weinschank haltgemacht und daselbst der Täufling begossen werde, dermalen dies die Ursache, daß oftmalen die Täuflinge auf dem Wege verloren gingen oder im Wirtshaus liegen blieben, oder selbst ihren ersten Rausch weg hatten, ehe sie in die Kirche kamen«.

Üblicherweise trank man bei einer Taufe »Kindel-« oder »Kindstaufbier«. Kam es zu einer Fehlgeburt, fiel das angekündigte Fest aus, was man mit dem Ausspruch kommentierte: »Das Kindelbier ist verpladdert.« In Norddeutschland kredenzten ärmere Bauern ihren Taufgästen noch bis ins 19. Jahrhundert Warmbier mit Zucker und Broteinlage.

CONRAD SEIDL

## DIE HEILKRÄFTE DES BIERES

Unter den Effekten des Bieres auf den Körper ist der Einfluß des Hopfens nicht zu unterschätzen. Wenn ungeübte Biertrinker die Meinung vertreten, Bier mache müde, so ist das nicht zuletzt darauf zurückzuführen, daß der Hopfen beruhigende Substanzen enthält – man spürt sie in alkoholfreien Bieren besonders stark, weil dort die leicht anregende Wirkung geringer Alkoholmengen ausbleibt. Außer zur Bierbereitung wird Hopfen schon seit langer Zeit in Kräuterbüchern als Heil- und Arzneimittel geführt. »Cerevisiam bibat! – Man trinke Bier!« empfahl die Heilige Hildegard als Ärztin und Naturforscherin in ihrem Buch »Causae et Curae«, in dem auch die Wirkung des Hopfens erstmals wissenschaftlich erfaßt wurde. Auch empfahl der Arzt des Kalifen Al-Mamum im Bagdad des 8. Jahrhunderts Hopfensirup als Mittel gegen Gallenfieber und zur Reinigung des Blutes. In neuester Zeit wurde entdeckt, daß vor allem die Polyphenole des Hopfens, die als Gerbstoffe im Bier zu finden sind, nicht nur auf den Biergeschmack wirken, sondern eine ähnliche Wirkung haben dürften wie die Polyphenole im Grünen (unfermentierten) Tee Japans, der für die relativ geringe Krebshäufigkeit im Land der aufgehenden Sonne verantwortlich sein dürfte.

Schon Theophrastus Bombastus von Hohenheim, genannt Paracelsus, meinte: »Hopfen reinigen das Geblüt und treiben auf den Stuhlgang.« Ob die hier geschilderte Wirkung allerdings primär auf den Hopfen zurückzuführen ist, oder doch eher auf die im Bier enthaltene, in größeren Mengen abführend wirkende Hefe, wäre zumindest einer Diskussion wert.

Fest steht jedenfalls, daß die Hefe und das Malz für den hohen Vitamingehalt – vor allem der Vitamine $B_2$ und $B_6$ sowie Niacin und Panthenolsäure – verantwortlich sind. Biertrinker sind also in der Regel gesunde Menschen.

Und schöne Menschen: Die in unfiltrierten Bieren und Hefeweißbieren enthaltene Hefe trägt zur Reinigung der Haut bei und ist im Bier viel bekömmlicher als in Tablettenform. Ältere kosmetische Empfehlungen, die auf Plinius zurückgehen, gehen sogar dahin, die äußerliche Anwendung des Bieres zur Straffung der Brüste und für eine zartere Gesichtshaut anzuregen. Und immer wieder wurde flachbrüstigen Mädchen nahegelegt, dunkles Bier mit Eidotter zu trinken, um die Oberweite zu vergrößern – diese kalorienreiche Diät wird allerdings auch den Gesamtumfang der Mädchen vergrößert haben.

Johann Kasimir August Christian Saugfuß, herzoglicher Apotheker Wilhelms IV. (jenes Fürsten, der das Reinheitsgebot geschaffen hat), hat 1541 ein »Tractat vom Bier« veröffentlicht. Darin wird nicht nur empfohlen »heiß Bier zu trinken gegen Katarrhe aller Art«, »mit heiß Bier Aufschläg zu machen, den verkühlten Leib zu kurieren«, sondern auch: »Bier zu trinken mit Ey und Zucker, trächtige Frouwen zu stärken und im Kindbett liegende zu kräftigen und ihnen vill Milch zu geben.«

Ein unbestrittener Effekt des Bieres besteht nämlich in der Förderung der Laktation. Allerdings sollten es stillende Mütter nicht übertreiben – der mit Starkbier aufgenommene Alkohol würde über die Muttermilch an den Säugling weitergegeben, was sicher nicht gesund ist. Man hat lange Zeit sogenannte »Nährbiere«, starke, kaum vergorene Malzextrakte, als ideal für junge Mütter gepriesen – doch entspricht das süße Zeug heute nicht mehr dem Zeitgeschmack. Zur Anregung der Milchbildung reicht allerdings auch modernes alkoholfreies Bier.

HELMUT HOCHRAIN

## KELLNERINNEN

Wer an bayerisches Bier denkt, denkt zugleich auch an dralle Bierkellnerinnen und flinke Biermädchen.

Zenzi, Resi, Stasi, Leni, Mirl und Marie heißen sie gewöhnlich und wo sie ihr strammes Regiment führen, wird wenig geredet, dafür aber um so mehr dem Bier zugesprochen. An jeder Hand fünf Maßkrüge übersehen sie souverän ihr Revier. Ein Blick, ein Nicken mit dem Kopf und schon steht die schäumende Maß vor dem Dürstenden. So flink wie sie mit den Krügen umzugehen wissen, so schnell und schlagfertig ist auch ihr Mundwerk.

Im Hofbräuhaus bestellte ein Herr, unzweifelhaft norddeutscher Herkunft, ein »kleines Helles«. Die Kathi tat einen entsetzten, schier das Mieder ihres Dirndlkleides sprengenden Schnaufer und sagte dann nach kurzem Überlegen: »Geh'n S', Herr, bleiben S' noch a bisserl sitzen und warten S', bis S' an Durst für a ganze Maß beieinander ham!«

Daß die Bierkellerwalküren den Stoff nicht nur zu kredenzen wissen, sondern ihm auch kräftig zusprechen, versteht sich von selbst. Dabei sollen es manche von ihnen zu Leistungen bringen, die eines Bierherkules würdig wären. 25 Maß hat eine dieser modernen Heben nach sicherer Kunde Tag für Tag zu sich genommen und trotzdem ihres Amtes mit Umsicht gewaltet. Hut ab, vor solchem Durst!

FRANZ WERFEL

## DIE ZUTRÄGERIN

Und da saß ich nun wieder einmal an einem richtigen eichenen Ratskellertisch, in einem großen, rauschenden, raucherfüllten Lokal, von dem ich den bestimmten Eindruck davongetragen habe, daß es »Brauhaus zum Mittelpunkt« hieß. Ich sah, daß die Gäste ringsum braunes Bier aus steinernen Krügen tranken, und ich freute mich leidenschaftlich auf diesen ebenso unvergessenen wie langentbehrten Genuß. Meine Begleiter lasen mir den Wunsch von den Augen und lächelten einander zu.

»Die Zuträgerin wird bald da sein mit ihrem Trunk«, sagte der eine, worauf sich beide empfahlen. [...]

Es dauerte nicht lange, und das schaumgekrönte dunkle Bier im Steinkrug stand vor mir auf dem Tisch. Ich tat einen langen leidenschaftlichen Zug. Die wilde Befriedigung, die der Trunk in mir auslöste, war nicht zu vergleichen mit derjenigen, welche ich gestern nach dem Genuß der heidnischen Mahlzeit von Wasser und Käse, der christlichen von Wein und Brot und der jüdischen von Milch und Honig empfunden hatte. Ich wollte gerade zum zweiten Male den Krug ergreifen, als ich spürte, daß die Zuträgerin noch immer am Tische verharrte. Ich nahm an, es sei hier Gepflogenheit, die Zeche sofort zu begleichen, eine mißtrauische und abweisende Zumutung populärer Gaststätten. (Wir befinden uns im Urwald des Elften Weltengroßjahrs der Jungfrau, inmitten der altertümlichsten Ökonomie, an solchen Kleinigkeiten merkt man's.) Ich erinnerte mich, daß man glücklicher, aber schlampiger Weise in den Hosentaschen meines Fracks einige Vierteldollar und kleinere Münzen zurückgelassen hatte, die mit derselben peniblen Sorgfalt wieder hergestellt waren wie der Leberfleck auf meinem rechten Arm und der Goldzahn links oben. Ich griff in die Tasche und zog drei Vierteldollar heraus, um nicht nur mein Bier zu bezahlen, sondern auch ein gutes Trinkgeld der Zuträgerin zu geben. Die Überlegenheit des amerikanischen Zahlungsmittels über jede andere Geldsorte war solch eine dogmatische Erfahrung meiner verflossenen Lebenszeit, daß ich auch in Dschungel-Bergstadts Brauhaus zum Mittelpunkt nicht zweifelte, ich werde für meine drei Vierteldollar die unterwürfige Danksage der Zuträgerin ernten. Der Zufall oder meine Ungeschicklichkeit aber wollte es, daß eine der Münzen meiner Hand entfiel und unter den Tisch rollte. Ich bückte mich nach ihr, wobei der Männerchor besonders laut in mein Ohr dröhnte. Da sah ich zwei elfenbeinblasse Frauenfüße mit edelgeformten Nägeln auf goldenen Kothurnen. Ich erhob mich langsam. Ich wußte, wen ich vor mir hatte, wenn auch Lala nicht mehr in ihr taubengraues Brautschleierkleid gehüllt war, sondern eine Art Bauerngewand trug, mit viel Goldstickerei und sichtlich damenhaft modifiziert. Heut macht's ihr noch Spaß. Aber wie wird es morgen sein?

# IV. BIERKULTUR UND MITTAGSTISCH

ROBERT WALSER

ASCHINGER

Ein Helles bitte! Der Biereingießer kennt mich schon seit geraumer Zeit. Ich schaue das gefüllte Glas einen Moment an, nehme es mit zwei Fingern an seinem Henkel und trage es nachlässig zu einem der runden Tische, die mit Gabeln, Messern, Brötchen, Essig und Öl versehen sind. Ich stelle das nässende Glas ordnungsgemäß auf den Filzuntersatz und überlege, ob ich mir etwas zu essen holen soll, oder nicht. Der Eßgedanke treibt mich zu dem blauweiß gestreiften Schnittwaren-Fräulein. Von dieser Dame lasse ich mir eine Auswahl Belegtes auf einem Teller verabreichen, derart bereichert trabe ich ordentlich träge an meinen Platz zurück. Ich gebrauche weder Gabel noch Messer, nur das Senflöffelchen, mit dem ich meine Schnitten braun anstreiche, worauf ich dieselben gemütvoll in den Mund hineinschiebe, daß es die Seelenruhe selber ist, die mir jetzt unter Umständen zuschauen darf. Bitte, noch ein Helles. Bei Aschinger gewöhnt man sich rasch einen Eß- und Trink-Vertraulichkeitston an, man spricht dort nach einiger Zeit fast nur noch wie Waßmann im Deutschen Theater. Mit dem zweiten oder dritten Glas Hellem in der Faust treibt's einen dann gewöhnlich an, allerlei Beobachtungen zu machen. Man will gern recht exakt notiert haben, wie die Berliner essen. Sie stehen dabei, aber sie nehmen sich ganz nett Zeit dazu. Es ist ein Märchen, zu glauben, in Berlin haste, zische oder trabe man nur. Man versteht hier geradezu drollig, Zeit dahinfließen zu lassen, man ist eben auch Mensch. Es ist eine innige Freude, zu sehen, wie hier nach Wurstbrötchen und italienischen Salaten geangelt wird. Die Gelder werden meistens aus Westentaschen hervorgezogen, es handelt sich ja doch beinahe regelmäßig nur um einen Groschen. Jetzt habe ich mir eine Zigarette gedreht und nehme am Selbstbrenner, der unter grünem Glas steckt, Feuer. Wie gut ich dieses Glas kenne und die Messingkette zum Anziehen. Immer wimmelt es ein und aus von eßlustigen und satten Menschen. Die Unbefriedigten finden rasch an der Bierquelle und am warmen Wurstturm Befriedigung, und die Satten springen wieder an die Geschäftsluft hinaus, gewöhnlich eine Mappe unter dem Arm, einen Brief in der Tasche, einen Auftrag im Gehirn, einen festen Plan im Schädel, eine Uhr in der offenen Hand, die sagt, daß es jetzt Zeit ist. Im runden Turm in der Mitte des Gemaches thront eine junge Königin, es ist die Beherrscherin der Würste und des Kartoffelsalates, sie langweilt sich ein wenig in ihrer köcherlichen Umgebung. Eine feine Dame tritt ein und spießt ein Kaviarbrötchen an zwei Fingern auf, sofort mache ich mich ihr bemerkbar, aber so, als ob mir das Bemerktwerden Wurst wäre. Ich habe inzwischen Zeit gefunden, mich an einem neuen Hellen festzuhalten. Die feine Frau geniert sich ein bißchen, in die Kaviarherrlichkeit hineinzubeißen, ich bilde mir natürlich sogleich ein, das sei ich und kein anderer, wegen dem sie ihrer Zubeißesinne nicht so ganz völlig mächtig wäre. Man täuscht sich so leicht und so gern. Draußen auf dem Platz ist ein Lärm, den man eigentlich gar nicht hört, ein Durcheinander von Wagen, Menschen, Autos, Zeitungsverkäufern, Elektrischen, Handwagen und Fahrrädern, das man eigentlich auch gar nicht mal sieht. Es ist beinahe unpassend, zu denken, man wolle das hören und sehen, man ist doch kein Zugereister. Die elegant-geschweifte Taille, die soeben noch Brot geknuspert hat, verläßt jetzt Aschinger. Wie lange habe eigentlich denn ich im Sinn, dazubleiben? Die Bierburschen haben momentan ein wenig Ruhe, aber nicht lange, denn es wälzt sich wieder von draußen herein und wirft sich durstig an die sprudelnde Quelle. Menschen, die essen, betrachten andere, die ebenfalls mit den Zähnen arbeiten. Wenn einer den Mund gerade voll hat, so sehen zu gleicher Zeit seine Augen einen, der mit Hereinschieben betätigt ist, an. Und die Leute lachen nicht einmal, auch ich nicht. Seit ich in Berlin bin, habe ich mir abgewöhnt, das Menschheitliche lächerlich zu finden. Übrigens lasse ich mir in diesem Augenblick selber ein neues Eßzauberstück geben, es ist dies ein Brotbett mit einer schlafenden Sardine darauf, sie liegt auf einem Butterlaken, dies gewährt einen so reizenden Anblick, daß ich das ganze Schauspiel beinahe auf einen Ruck in den offenen Drehbühnen-Rachen hinunterwerfe. Ist so etwas lächerlich? Keineswegs. Nun also. Was an mir nicht lächerlich ist, kann es an den andern noch weniger sein, denn man hat die Pflicht, andere unter allen Umständen höher zu achten, als sich selber, eine Weltanschauung, die zu dem Ernst, mit dem ich jetzt an den ruckweisen Untergang meines Sardinennachtlagers denke, prächtig paßt. Einige von den Menschen, die mich umgeben, unterhalten sich essend. Die Gewichtigkeit, mit der sie solches tun, ist ansprechend. Wenn man schon dabei ist, etwas zu unternehmen, unternehme man es würdig und sachlich. Würde und Selbstbewußtsein wirken behaglich, auf mich wenigstens, und deshalb stehe ich so gern in irgendeinem von unsern Aschingerhäusern, wo die Menschen zu gleicher Zeit trinken, essen, reden und denken. Wie viele Geschäfte sind hier schon ersonnen worden. Und das Schönste ist: man kann stundenlang am Fleck stehen, das verletzt niemanden, das findet kein einziger von all denen, die kommen und gehen, auffällig. Wer hier an der Bescheidenheit Geschmack findet, der kann auskommen, er kann leben, es hindert ihn niemand. Wer keine gar so besondere Herzlichkeit beansprucht, der darf ein Herz haben, man erlaubt ihm das.

CHRISTOPH WAGNER
WIE DER SCHENK, SO'S GETRÄNK

Diese alte Bier-Weisheit besitzt heute nach wie vor ihre Gültigkeit. Ein Schuft ist, der gut gebrautes Bier durch falsche Pflege und schlechtes Einschenken verdirbt. Ihm blüht, was auf einem Grabstein im Bayerischen geschrieben steht: »Da liegt er nun, der Bierverhunzer, bet, o Christ, fünf Vaterunser.« Und in einem alten Theaterstück des heute in Vergessenheit geratenen Autors Gregorius Wagner aus dem Jahre 1547 werden aus gegebenem Anlaß die schicksalsschwangeren Sätze gesprochen:

»Die Stube kalt, das Bier ist warm,
Das ist ein Wirt, daß Gott erbarm.«

Es ist allerdings nicht nur für den Wirt, sondern auch für den eher häuslich veranlagten Bierfreund von Vorteil, zu wissen, wie man aus seinem Bier das Beste macht. Das beginnt schon bei der Auswahl des geeigneten Bierglases. Es sollte weder protzig noch kitschig noch ausgefallen sein, es muß auch keineswegs den Wert einer seltenen Antiquität besitzen (ein solches Glas sollte man lieber aufs Regal stellen, um es dort zu bewundern) – ein gutes Bierglas muß vor allem die Bildung einer schönen Schaumkrone ermöglichen. Es darf nach oben hin nicht breiter werden. Der Schaum soll ja zusammengedrängt werden und nicht »zerfließen«.

Wirklich nur fürs Biertrinken geschaffene Gefäße haben sich in der Biergeschichte erst relativ spät durchgesetzt. Der Humpen mag wohl früher vorwiegend zum Biertrinken benutzt worden sein. Man hat allerdings auch nicht gezögert, andere Getränke daraus zu konsumieren. Verdient gemacht um die Bierglaspflege hat sich vor allem ein Westerwälder Familienbetrieb: Die Firma Rastal verfiel vor noch gar nicht langer Zeit auf den Gedanken, jedem Bier zu seinem urtümlichen Geschmack auch ein typisches Glas beizugeben, das diesen voll zur Geltung bringt. Mit wissenschaftlicher Akribie wurden verschiedene Faktoren wie Bruchsicherheit, Zapfgeschwindigkeit, Schaumhaltigkeit, Standfestigkeit und Reinigungsfähigkeit festgestellt. Aus der Summe dieser Erfahrungen entwickelte man dann bestimmte Formen, die für bestimmte Biersorten besonders praktisch sind: Die Zeit des schweren Preßglases mit Henkel ist damit wohl ein für allemal vorbei. Parallel mit dieser Entwicklung fand das Bier auch zunehmend Eingang in die gehobene Gastronomie. In einem guten Restaurant weiß man heute, was Feinschmeckern längst bekannt ist: Bier paßt zu gewissen Gerichten – etwa sauren Speisen und mit exquisitem Essig angemachten Salaten – einfach viel besser als der leider häufig dazu getrunkene Wein. Um dem Bier in der kulinarischen Symphonie eines »Menu de degustation« seinen entsprechenden Stellenwert zuzuweisen, wird es daher auch gebührend serviert. Nach dem Motto: Dem Pils seine formvollendet geschwungene Tulpe, dem Weißbier seinen schlanken Kelch, dem Märzen sein schlichtes, aber gediegenes Krügel. Es gilt die Faustregel: Je »molliger« (also hochgradiger) ein Bier ist, desto bauchiger darf das Glas sein.

Den Bierkrug aus Steingut, Ton oder Porzellan wird man in der Gastronomie freilich nur mehr selten finden. Er ist eher den großen Brauhäusern im Salzburgischen vorbehalten, signalisiert er doch ebenso wie Qualität vor allem auch die Quantität des Bieres. Bei manchem Biertrinker steht der Bierkrug auch im Ruf des »gezielten Schaumschlagens«. Nicht umsonst lautet eine alte Biertrinker-Devise: »Im Bierkrug liegt viel Betrug«. Vor allem in früheren Zeiten nutzte nämlich so mancher Wirt die »Undurchschaubarkeit« des Krugs, um mit dem Bier zu sparen. »Schaum ist noch lange kein Bier«, hieß es damals im Volksmund. Vielleicht ist das auch ein Grund für den Siegeszug des Bierglases. Zeigt es doch mit untrüglicher Genauigkeit an, wo das Bier aufhört und wo die Schaumschlägerei beginnt.

Diese Zeilen sollen freilich die Wichtigkeit des Schaums für ein gepflegtes Bier keineswegs in Abrede stellen. Der Schaum gehört zum Bier wie das Gedeck zu einem guten Essen. Kein Bierfreund wird die edle Schaumkrone missen wollen, solange sie eine Krone bleibt und nicht gleichzeitig auch die Funktion des königlichen Purpurs anstrebt, die dem Bier vorbehalten ist.

Um eine solche »königliche Schaumkrone« zu erzielen, ist es freilich vonnöten, nicht nur das Bier, sondern auch das Bierglas entsprechend zu pflegen. Genauso wie beim Brauen peinlichste Reinlichkeit das oberste Gebot ist, sollte sie es auch beim Bierglas sein. Nichts verdirbt das Bier so sehr wie unzureichend gereinigte Gläser. Bier ist ein »lebendiges« Getränk, und so versteht es sich für Fettränder oder Spülmittelrückstände im Bierglas auch entsprechend zu rächen: mit vermindertem Geschmack und sofortiger Auflösung des »Foams«, wie der Schaum in der Mühlviertler Mundart heißt.

Diesen Alpträumen jedes kultivierten Biertrinkers läßt sich leicht entgegenwirken. Biergläser – Kenner wissen das längst – sollte man nämlich zweimal reinigen, bevor man sie benützt. Zuerst einmal mit chlorfreiem Spülmittel, um Fettflecken, Lippenstiftränder sowie andere unliebsame Rückstände zu beseitigen und dennoch das Glasdekor zu schonen. Nun ist das Glas zwar rein, enthält jedoch die dem Biergenuß äußerst abträglichen Spülmittelrückstände. Durch ein nochmaliges Durchspülen des Glases mit klarem Wasser erreicht man schließlich ein im wahrsten Sinn des Wortes glasklares Gefäß, das des edlen Gerstensaftes, den es aufnehmen soll, durchaus würdig ist. Kenner meinen sogar: Ein Glas, das nicht mindestens dreimal kalt ausgespült ist, sollte kein Bier aufnehmen.

Aus dieser Beschreibung läßt sich unschwer erkennen, daß das gute Bierglas in der Geschirrspülmaschine absolut nichts verloren hat, wo es – seiner Individualität beraubt – behandelt wird wie ein Wasserglas oder eine Salatschüssel. Es ist nur eine kleine Mühe, sein Bierglas mit der Hand abzuwaschen. Eine Mühe, die durch vollendeten Biergenuß sicherlich bedankt wird. Was nützt jedoch das schönste Bierglas, wenn es mit dem Einschenken hapert? Wer hat sich nicht schon über einen wohlmeinenden Ober geärgert, der einem das Bier ins Glas kippt, als wäre es Motoröl: lieblos und viel zu schnell – ein wahres Fegefeuer für den Bierfreund.

Dabei bedarf richtiges Einschenken nur einiger Bedächtigkeit und Liebe zum Getränk. Bier ist ein Teil der Tischkultur und will als solcher zelebriert sein. Schnellebige und Ungeduldige sollten sich lieber an Limonade halten, die ihrem Naturell wahrscheinlich angemessener ist. Einen Wirt darob zu schelten, weil er zu lange zum Einschenken braucht, ist ein Zeichen mangelnder Bierkultur. Im Gegenteil – es darf angenommen werden, daß man es mit einem Bierzapfer von hohen Graden zu tun hat. Der richtige Bierschenk beginnt das Einschenk-Ritual – gleichgültig ob am Zapfhahn oder aus der Flasche –, indem er das Glas leicht schräg hält. Beim ersten Einschenken gewährt er dem Schaum Platz zum ausbreiten, indem er das Glas nur etwa zu einem Drittel vollschenkt. Dann läßt er es etwa eine Minute stehen, bis der Schaum eine kompakte Form angenommen hat. Nun setzt man einen zweiten »Schaumring« auf und drückt ihn bis über den Glasrand hinaus, wo man ihn wiederum dreißig Sekunden »zusammensitzen« läßt. Kenner krönen den Einschenkvorgang mit einem dritten »Ring« und erzielen so eine perfekte »Haube«. Ein Bier, das so eingeschenkt wurde, verliert seinen Schaum auch nicht, wenn man es langsam trinkt. Der »Krapfen« steht bis zum letzten Schluck.

# DER BIERDECKEL

*Und wer den Krug zu Munde führt,*
*Der setzt ihn nicht mehr ab,*
*Bis er den letzten Tropfen hat*
*Gebracht ins sichre Grab.*

So ein altes Münchner Bierlied. Und ging doch einmal etwas daneben, so hatte man seit alters her den sogenannten Bierfilz zur Hand, der verhüten sollte, was schon Hans Sachs in einem seiner Schwänke anläßlich eines Wettsaufens beschrieben hatte: »Das Bier das floß über den Tisch, Die Erd war naß wie ein Badstuben, zu saufen sie wieder anhuben.« Zur Verhinderung solcher Ferkelei verrichtete der Bierfilz auf lange Zeit gute Dienste im gastronomischen Gewerbe.

Im süddeutschen Sprachraum ist Bierfilz auch heute noch eine geläufige Bezeichnung für Bieruntersetzer. In Österreich kannte man die Biertasse bzw. das Tatzerl als Benennung keramischer Bieruntertassen. In der Schweiz spricht man noch heute vom Bierteller. Auch aus Porzellan, Steingut, Holz, Kork und Kunststoff wurden schon Bieruntersetzer verfertigt. Im 20. Jahrhundert hat sich jedoch allgemein der aus Pappe hergestellte Bierdeckel durchgesetzt. Warum man übrigens vom Bierdeckel spricht, ist nicht so recht einzusehen, da der Bierdeckel seiner Funktion nach ja gerade das Gegenteil, nämlich ein Bieruntersetzer ist.

Man schrieb das Jahr 1880, als der Kartonagefabrikant Friedrich Horn in Bukau bei Magdeburg sich anschickte, dem altgedienten Bierfilz den Garaus zu machen. Aus ausgestanzter und bedruckter Pappe produzierte er die ersten modernen Bierdeckel. Von der Buckauschen Kartonagefabrik aus trat der kartonierte Bierdeckel alsbald seinen Siegeszug durch Deutschland und schließlich die ganze Welt an. Der Bierdeckel ist längst ein universales Phänomen. Man findet ihn in Zentralafrika ebenso wie in Japan und Neuguinea.

Daß der kartonierte Bierdeckel sich zu mehr eignete, als lediglich überlaufenden Bierschaum aufsaugen zu können, machte bereits ein Patent aus dem Jahre 1892 deutlich: »Die zu Deckeln, Bieruntersetzern u. s. w. zerschnittenen Platten lassen sich mit Verzierungen, Firmen oder anderweitigen Aufschriften bedrucken.« Produktwerbung (d. h. im wesentlichen Eigenwerbung der Brauereiindustrie) stand also von vornherein Pate bei der Entwicklung des Bierdeckels. Bedenkt man, daß allein in der Bundesrepublik Deutschland alljährlich rund zwei Milliarden Bierdeckel produziert werden und jedes Jahr rund vierhundert Neuentwürfe auf dem Markt erscheinen, so kann man leicht ermessen, daß das unscheinbare wohlfeile Produkt schon ganzen Bataillonen von Werbegraphikern und -textern Arbeit und Brot gebracht hat.

Die Werbebranche hat den Bierdeckel wahlweise zum Reklameschild, zum trivialen Panier des Volksgeists, zum Veranstaltungsanzeiger (z. B. für Volksfeste, Sportveranstaltungen, Gedenktage und Jubiläen) und mitunter zum Werbeträger des Militärs drapiert. Beherrschend war und ist natürlich die Biersortenwerbung. Mit mehr oder (meist) weniger origineller Bild- und Textgestaltung hat man dem Bierkonsumenten immer aufs neue zu suggerieren versucht, daß alles Heil der Welt nur im wohlgefüllten, schaumgekrönten Bierglas zu finden sei. In Verfolgung dieses Ziels griff man gelegentlich schon einmal zu erotischen Accessoires, wie dem durstigen Voyeur, der beim Anblick einer drallen Maid partout an nichts anderes als an Bier und Korn zu denken vermag, oder der sich räkelnden und glasschwingenden Kokotten, die dem hedonistischen Betrachter mehr als nur einen Genuß verspricht. Im Normalfall gebärdet sich die Bierdeckelwerbung jedoch weit harmloser und biederer.

Da überbieten sich die Bierhersteller gegenseitig mit Appellen an den frohsinnig-gemütlichen Zecher und dessen unbändige Trinkfreude im Ton vertraulicher Kumpelmanier: »Dir und mir Binding-Bier«, »... in jeder Lage Holsten-Bier«, »Trink Sester, mein Bester«, »Jubel Trubel Dir und mir, Haake-Beck das gute Bier«, »Grüner Pils, jeder will's«, »Kölsch von Früh, das merke Dir, sei von früh bis spät dein Bier!«

Daß Biertrinken eine ausgesprochene Männersache ist, beweist sowohl der Slogan eines französischen Bierbrauers (»à vrai homme, vraie bière«) wie der langjährige Werbespot einer bekannten Bremer Brauerei: »Beck's löscht Männerdurst«. In jüngster Zeit wurde dieser markige Schnack allerdings (in weiser Einsicht, daß wir uns im Zeitalter fortschreitender Emanzipation befinden bzw. daß sich eben auch mit dem weiblichen Durst gute Geschäfte machen lassen?) zu »Beck's löscht Kennerdurst« neutralisiert. Gelegentlich hat man auch den respektierlichen ›Mann von Welt‹ für die Bierdeckelwerbung zu aktivieren gesucht. Honorig in edlen Zwirn gekleidet, versucht dieser gar edlen Gerstensaft auch einem versnobten Kundenkreis schmackhaft zu machen. Der smokinggewandete Curd Jürgens, der in solcher Pose auf einem Bierdeckel verkündet, daß »Karlsberg

Bier ganz mein Geschmack« sei, dürfte dennoch eine singuläre Erscheinung im Reich der Pappdeckel-Werbung geblieben sein. Mit Bier läßt sich eben doch weit eher urig-gemütliche Hemdsärmeligkeit und feuchtfröhliche Schunkeligkeit in Verbindung bringen.

Daß die Deutschen die treuesten Freunde des Bieres sind, ist in aller Welt bekannt. Schon Tacitus wußte von den Germanen zu sagen: »Ihr Getränk bereiten sie aus Gerste und Weizen, ein Gebräu, das schlechtem Wein ähnelt.« Aber ebenso könnte man die Deutschen als ein Volk von Vereinsmeiern und Sammelwütigen bezeichnen. So nimmt es nicht wunder, daß viele ihre Sammelleidenschaft auch auf den Bierdeckel ausgedehnt haben (und wer hätte noch nicht irgendwann einmal einen Bierdeckel aus einer Kneipe mit nach Hause genommen). Da das Sammeln wiederum erst so recht in Gesellschaft Freude macht, wird es auch längst vereinsmäßig betrieben. In der BRD in den beiden Vereinen »Internationale-Bierdeckel-Vereinigung« (IBV) und »Fördergemeinschaft von Brauerei-Werbemittel-Sammlern« (FvB) mit je eigenem Vereinsblatt und Sammlerpreis (dem »Goldenen Bierdeckel« des IBV und dem »Goldenen Bierdukaten« des FvB). Auch in England, der Tschechoslowakei, Belgien und Dänemark gibt es solche Sammlervereine. Spitzensammlungen mit bis zu 80 000 Einzelstücken sollen existieren. Auf regelmäßig stattfindenden Bierdeckelbörsen kann der passionierte Sammler begehrte Liebhaberstücke eintauschen oder erwerben, die hier wie bei Briefmarken als »Standard-« oder »Sonderdeckel« gehandelt werden.

## BIERWÄRMER, RADLERMASS UND WEISSWÜRSTE

Ein Apparat, der den ehrlichen Bierjünger erschauern läßt, ist der Bierwärmer. Er sollte verboten werden; denn warmes Bier schmeckt so schlecht wie kalter Kaffee.

Das Mischen mit anderen alkoholischen Getränken bekommt dem Gerstensaft mit einer einzigen Ausnahme nicht. Nur mit dem perlenden Sekt geht er eine gute Ehe ein! Helles Bier mit Schaumwein vermixt heißt »Adlerhorst«, dunkles mit ihm verquirlt »Diplomat«. Beides schmeckt gleich köstlich und erfrischend. An warmen Tagen weckt dunkles Bier, zu gleichen Teilen mit Limonade gemischt, die müden Lebensgeister. In Bayern gab man diesem Getränk den nicht besonders poetischen Namen »Radlermaß«.

Was man vor und zwischen dem Bier trinkt ist ebenfalls eine Frage des Gustos. In Norddeutschland gehört der klare Schnaps unbedingt dazu. In Bayern aber trinkt man zum Biere – Bier.

Die Dänen nennen ein Essen, bei dem es nichts zu trinken gibt, ein »Pferdemahl«, die Franzosen ein »Hundediner«. Doch will nicht nur zum Essen getrunken sein, zum rechten Trunke gehört auch etwas zum Beißen!

Zum Bier passen vorzüglich alle Schweinefleischgerichte, also: Schweinshaxe, Surfleisch, Schlachtplatten, Spanferkel, Geräuchertes, Knöcherlsulz und als Beigabe, neben den hierzulande nicht als unbedingt notwendig erachteten Gemüsen, Erbsenpüree, weiße Bohnen und vor allem Kartoffelknödel! In Nürnberg schätzt man die weltberühmten Bratwürste, in der alten Bischofstadt an

der Donau die »Regensburger« und der Münchner nimmt zur Brotzeit und zum Katerfrühstück Weißwürste mit süßem Senf und Weißbier zu sich.

Nach dem Herkommen dürfen die zarten Weißwürste das Mittagläuten nicht hören; sie werden deshalb auch nur zwischen Mitternacht und 12 Uhr verzehrt. Ob sie mit dem Messer tranchiert oder aus der Hand gegessen werden sollen, ist eine Streitfrage, die Generationen nicht befriedigend klären konnten.

Ein gutes Mittel, den schlimmen Kater zu verjagen, sind Heringe, wenn man sie nur recht im Biere schwimmen läßt, und anspruchsvolle Genießer wünschen sich zur frischen Maß einen »Steckerlfisch«.

Zum starken Bock- und Wiesenbier erfreuen sich am Spieß gebratene Hendl, Beefsteak nach englischer Art und Rostbraten besonderer Wertschätzung. Eiskalte

Schlemmer schlürfen zu kräftig gehopften Bieren frische Austern.

Scharfe Rettiche und milde Radieschen, krachende Brezen und duftende weiße Semmeln zum Trunke genossen, machen den Zecher gegen die Tücken des Alkohols hieb- und stichfest.

Den Abschluß einer Mahlzeit bildet ein handfester Käse. Fetter Emmentaler und der kräftig riechende Limburger vertragen sich mit Bier besonders gut.

Bei kleinen häuslichen Geselligkeiten sind pikant zubereitete Bierhappen geschätzte kulinarische Gedankenstriche zwischen zwei Schlucken.

Die Skala der Leibesgenüsse ist groß, und – de gustibus non est disputandum – jeder wird das ihm Zuträgliche und seinen Gaumen Befriedigende darauf finden.

> Ein starkes Bier, ein beizender Tabak
> und eine Magd im Putz, das ist nun mein
> Geschmack,

läßt Goethe im Faust einen Studiosus sagen. Tabak und Bier haben sich von altersher harmonisch ergänzt. Der behäbig schmauchende Pfeifenraucher und der den Ringen einer edlen, duftenden Havana nachsinnende Zigarrenfreund kommen beim besinnlichen Genuß beruhigenden Bieres freilich weit eher auf ihre Kosten, als der der flüchtigen Zigarette Verhaftete.

Der besonderen Zuneigung älterer Gambrinusjünger erfreut sich die schlanke Nikotinwurzel, die Virginia; soll sich ihr feines Aroma doch erst dann ganz entfalten, wenn sie vor dem Anbrennen kurz in den Bierkrug getaucht wurde.

DIETRICH HÖLLHUBER
## BIER FÜR GOURMETS

Was man trinkt, hängt sehr stark von der Umgebung ab. Die Deutschen richten ihre Bestellungen im Regelfall nach dem Typus der Gaststätte, in der sie bestellen, und nicht so sehr oder zumindest nicht ausschließlich nach dem Gusto, den sie gerade haben. Es ist Ihnen doch sicher auch schon passiert, daß Sie eigentlich in ein gutes Restaurant gehen wollten, Sie hatten Lust auf eine elegante Vorspeise mit einem trockenen Weißwein und diesem und jenem, dann aber war der Laden geschlossen oder zu besetzt oder sonstwie unerreichbar. Und Sie kamen in einem gutbürgerlichen Lokal mit einfacher Küche unter. Und das gefüllte Schnitzel mit Pommes und Salat mit einem großen Pils (oder zweien) als Begleitung schmeckte Ihnen ganz ausgezeichnet. Der Gedanke, hier Wein zu bestellen, wäre Ihnen gar nicht gekommen. Lokal und Essen waren bier-typisch.

Dabei ist Bier andererseits eben nicht nur Begleiter zur gutbürgerlichen und deftigen Küche, nicht nur zum regionalen Speiseangebot, sondern eben auch Apéritif und Begleiter vieler anspruchsvoller Speisen, von den Meeresfrüchten bis zum Münsterkäse, vom Bayonne-Schinken bis zur Gougère, dem burgundischen Käsebrandteigkranz.

Man muß nur wissen, welches Bier zu welcher Speise schmeckt, dann kann man viele Menüs, die bisher dem Wein vorbehalten waren, für Bier öffnen. Diebels hat das für Altbier gezeigt, sehen Sie sich ein, zwei dieser Menüs an:

*Wachtelbrüstchen auf Pilz-Salat in
Bier-Vinaigrette*

*Geräucherte Bachsaiblingklößchen mit
Altbiersauce*

*Lamm und Wirsing in Pfeffersahne, auf
Altbierbasis, Gebackene Salbeiblätter*

*Sorbet von Hopfen und Malz*

Dieses Menü stammt von Günter Scherrer vom »San Franzisco« im Düsseldorf-Hilton.

*Salat vom Hasenrücken in Altbier-Honig-
Vinaigrette*

*Karpfen-Klößchen in Altbier-Teig*

*Kasselerfilet mit fünf verschiedenen Rübchen
zu Altbiersauce*

*Diebels-Lebkuchen*

Dieses Menü stammt von Hans Bertels vom »Le Crocodile« in Krefeld.

Noch eines, weil's so fein Appetit macht:

*Niederrheinisches Kaninchenparfait in
Alt-Biergelee*

*Kräuter-Schellfisch im Biersud*

*Gefüllter Ochsenschwanz mit Hopfensprossen
und dicken Bohnen*

*Apfelstrudel auf einem Sabayon von Altbier*

Dieses Menü stammt von Armin Scherrer vom »Landhaus Scherrer« in Hamburg.

Das sind zweifelsohne keine alltäglichen Gerichte und sie sind natürlich keineswegs typisch für die deutsche Küche und genausowenig für die deutschen Gaststätten. Sie zeigen aber, wie gut sich Bier und anspruchsvolle Speisen der deutschen Küchentradition vertragen. Denn die deutsche Küche ist, mit Ausnahme der Weinregionen in der Pfalz, in Baden und in Nordwürttemberg, mit Bier und zum Bier entstanden. Nehmen wir mal ein paar Gerichte zu einem herben Pils, einem Flensburger oder Jever aus dem Norden, denken Sie da nicht auch gleich an Birnen, Bohnen und Speck, Büsumer Krabbenteller, Scholle Finkenwerder Art, gepökelte Rinderbrust mit Rosenkohl oder eine Holzplatte mit ein paar Scheiben köstlich zitronenaromatischem, luftgeräuchertem Katenschinken? Und jetzt ein kräftig-volles Märzen, ein Oktoberfestmärzen von Spaten oder Hacker-Pschorr, ein Bergkirchweihmärzen von Kitzmann in Erlangen. Wie wäre es dazu mit einem krustigen Schwartlbraten und Semmelknödel (für die Franken sollte es besser ein roher Kloß sein), einem Aischgründer Karpfen blau mit seinem köstlichen Sud oder mit einem gekochten Züngerl in seiner Sauce, und wenn der Koch will sogar auf der Basis desselben Bieres, das wir gerade genießen? [...]

Aber das meiste außer Haus getrunkene Bier wird gar nicht zum Essen getrunken, sondern als Getränk für sich allein. Und Zehntausende Kneipen bieten zwar eine Kleinigkeit zu essen an, aber man geht wegen des Bieres hin und nicht wegen der Speisen. Besonders in Großstädten nördlich der Mainlinie gibt es die Kneipe mit Tresen, an der man steht, um sein Bier zu trinken. Im Süden wurde dieser Typus erst in jüngster Zeit etwas bekannter, und beschränkt sich auf die jüngeren Leuten servierende Gastronomie. Aber in Köln, Düsseldorf, Hamburg, Berlin, um nur vier Städte zu nennen, wäre eine Kneipe ohne Tresen undenkbar. Die kleinen Gläser Nord- und Westdeutschlands, die 0,2l-Stange für Kölsch und Alt beispielsweise, garantieren, daß das Bier nicht schal wird, man trinkt es flott aus, das nächste kommt, ohne daß man nachbestellen muß, die Unterhaltung ergibt sich am Tresen fast von selbst. Kein Wunder, daß dieser Typ von Kneipe populär ist. Die Berliner haben den großen Vorteil, daß sie im Gegensatz zur Bundesrepublik keine Sperrstunde kennen. Wer Lust hat, kann also wirklich die Nacht durchmachen. Macht Wirt A um 4.00 Uhr früh zu, geht man halt zu Wirt B, der um 4.00 öffnet, frisch und ausgeruht.

ROLF LOHBERG

BIER-MIXEREIEN

## Bierbowle

| | |
|---|---|
| 2½ l | helles Exportbier |
| 400 g | eingemachte Sauerkirschen |
| 250 g | Zucker |
| 1 | unbehandelte Zitrone |
| ⅜ l | Kornbranntwein |

Kirschen auf einem Sieb abtropfen lassen. Kirschsaft, Zucker und abgeschälte Zitronenschale verrühren, aufkochen und erkalten lassen. Die Kirschen mit Korn, Kirsch- und Zitronensaft sowie ½ l Bier mischen und 1 Stunde kaltstellen. Mit eisgekühltem Bier auffüllen.

## Schaumbier

          1 l  Bier
          4    Eier
      100 g    Zucker
               abgeriebene Schale einer unbehandelten
               Zitrone

Die Eier aufschlagen und in einen Topf geben. Mit Bier, Zucker und Zitronenschale mischen. Unter ständigem Schlagen mit einem Schneebesen bis kurz vor dem Kochen erhitzen. Den Topf vom Herd nehmen, kurze Zeit weiterschlagen. In Gläser füllen.

## Bier-Grog

      1½ l   dunkles Bier
      3 EL   Zucker
             abgeriebene Schale einer unbehandelten
             Zitrone

Das Bier mit dem Zucker und der Zitronenschale erhitzen. Gläser mit Zuckerrand versehen (mit dem Rand erst in Bier, dann in Zucker tauchen).

## BERLINER WEISSE

Fremde wundern sich über den merkwürdigen Namen »Weiße« für ein Getränk, das für gewöhnlich rot oder grün getrunken wird. So großartig ihnen auch das Bier selbst vorkommen mag, von den ungewöhnlichen Farben fühlen sie sich ein wenig schockiert. Die *Berliner Weiße* wird mit einem »Schuß« Himbeersaft oder Waldmeister-Essenz getrunken. Vielleicht ist dieser Brauch von der Maibowle übernommen worden, die zwar mit Wein zubereitet wird, in die man aber ebenfalls Waldmeister gibt, vielleicht hat er seinen Ursprung in Zeiten, da man noch nicht allgemein Hopfen zum Bierbrauen nahm. Noch im 19. Jahrhundert soll der Berliner Brauer Josty anstelle von Hopfen seinem Bier mancherlei Kräuter beigegeben haben.

MICHAEL JACKSON
## LÜTTJE LAGE

Das größte Schützenfest findet in der ersten Juliwoche in Hannover statt. Hier trinkt man üblicherweise die *Lüttje Lage,* ein besonders kleines Glas Bier und einen *Korn,* aber nicht nacheinander, sondern gleichzeitig! Dazu nimmt man das Bierglas zwischen Daumen und Zeigefinger, den Korn zwischen Mittel- und Ringfinger der gleichen Hand und kippt das Ganze in den Mund, wozu natürlich viel Geschicklichkeit, aber auch sehr viel Übung gehört.

## Biersuppe mit Brot

|        |                       |
|--------|-----------------------|
| 250 g  | altbackenes Schwarzbrot |
| 1 l    | dunkles Bier          |
| 50 g   | Zucker                |
| 4–6 EL | Sahne                 |
|        | Zitronenschale        |

Schwarzbrot in Wasser einweichen und mit Zitronenschale zu einem dicklichen Brei verkochen. Durch ein
Sieb streichen und in den Brotbrei das Bier mengen,
etwa 10 Minuten unter Rühren kochen lassen. Zucker
und Sahne vor dem Servieren unterheben.

## Bierhühnchen

|        |                    |
|--------|--------------------|
| 1      | Hühnchen           |
|        | Butter             |
| 1      | Zwiebel            |
| 125 g  | geräucherter Speck |
| ½ l    | Pils               |
| 125 g  | Champignons        |
| 100 g  | Sahne              |
| 1      | Eidotter           |
|        | Salz               |
|        | Pfeffer            |
|        | Petersilie         |

Das zerteilte Hühnchen in Butter anbraten. Gehackte
Zwiebel und den in Würfel geschnittenen Speck dazugeben. Mit Bier aufgießen, langsam köcheln lassen und

so oft aufgießen, bis das Fleisch weich ist. Nun die blättrig geschnittenen Champignons dünsten, das mit Sahne verquirlte Ei einrühren und mit Salz und Pfeffer abschmecken, Petersilie beigeben. Diese Sauce vor dem Servieren über die Hühnerteile gießen.

### Bierbackteig

| | |
|---|---|
| 140 g | Mehl |
| | Salz |
| 1 EL | Olivenöl |
| 3 | Eidotter |
| | helles Bier |

Alle Zutaten mit etwas Bier zu einem dickflüssigen Teig anrühren, mit dem steifgeschlagenen Schnee von drei Eiern vorsichtig vermengen.

### Bierrisotto

| | |
|---|---|
| 250 g | Risottoreis |
| 500 g | Salatgurken |
| 1 | Zwiebel |
| 30 g | Butter |
| 200 g | geräucherter Schinken |
| etwa ⅛ l | helles Bier |
| 500 g | Tomaten |
| | Salz, Pfeffer |
| | Kräuter je nach Jahreszeit |
| 4 EL | Sahne |

Zwiebel in Butter anschwitzen lassen, den Reis dazugeben, kurz anrösten, mit etwas Bier ablöschen und köcheln lassen. Wiederholt Bier oder auch Wasser nachgießen, bis der Reis gar ist.

Den leicht angebratenen Schinken und die kleingeschnittene, in etwas Essig eingelegte Salatgurke dem Reis beimengen. Die Tomaten schälen, entkernen und kleinschneiden, ebenfalls zum Reis geben und alles 10 Minuten dünsten lassen. Nun mit Salz, Pfeffer und den Kräutern abschmecken, mit Sahne verfeinern.

Edouard Manet: Le bar aux Folies-Bergère

Sie alle trinken unbeirrt
Ihr Abendbier beim Schimmelwirt. –

*Wilhelm Busch*

LUDWIG SPEIDEL

## EIN WIENER STAMMTISCH

In einer engen, kühlen Gasse, die den Verkehr zwischen
den Tuchlauben und dem Wildpretmarkte vermittelt,
steht ein Gasthaus, durch dessen gastliche Pforte schon
mancher brave Mann seinen Durst getragen hat. Tritt
man durch die Glastür in die Schwemme, einen ziemlich
großen, länglichen Raum, wo namentlich Kutscher, indem sie nebenher ihr Leibliches besorgen, auf Fuhr-
gelegenheiten warten, so begrüßt einen der mit allerlei
nützlichem Geschirr belastete Schanktisch, hinter dem
zwei Hausknechte in Hemdärmeln und mit weißer
Schürze ihres schweren Amtes mit unermüdlicher Kraft
walten. Früher sah man hier die Fässer lagern und
das braune Naß vom Hahn rinnen, seit aber die An-
sprüche an Kellerkühle des Bieres gewachsen sind, ist
die Faßwirtschaft in die Tiefe verlegt und wird jedes
einzelne Glas, sei es Märzen, Lager oder Unterzeug,
aus dem geheimnisvollen Dunkel heraufbefördert. Aus
der Schwemme gelangt man links in das ziemlich ge-
räumige, quadratisch angeordnete Herrenstübel, dessen
Gewölbe sich auf den beiden in die Mitte gestellten Säulen behaglich ausruht. Eine weitere Räumlichkeit war
früher nicht vorhanden, aber als es hier den Herren zu
eng wurde, beschloß der Gastwirt, in das Nachbarhaus
durchzubrechen, um einen neuen Raum zu erschließen,
und an der Mächtigkeit der durchbrochenen Mauer kann
man den gediegenen Geist der alten Wiener Bauord-
nung bewundern. So war in dem neuen Zimmer, das
mehr in die Länge als in die Breite geht, eine zwar nur
geringe Erweiterung geschaffen, aber für die Tag und

Nacht rasch zu- und abströmende Menge, die hier ihr Frühstück, ihr Mittagsmahl, ihre Jause und ihren Abend- und Nachttrunk sucht, war doch den seßhaften Gästen gegenüber eine Art Abzugsraum hergestellt. Diese Erweiterung der Räumlichkeit ward ungefähr zur Zeit des Bürgerministeriums ins Werk gesetzt, als noch Johann Nepomuk Berger und sein Freund, der Finanzminister, der uns die Herstellung der Valuta schuldig geblieben, treue Stammgäste des Winterbierhauses waren. Denn daß hier von dem berühmten Bierhause »zum Winter« die Rede ist, werden jene geschmackvollen Leute, die ein gutes Glas Schwechater zu schätzen wissen, längst gemerkt haben.

In dem neu gewonnenen Bierstübchen hatte sich vor Jahren, wie ein Inselchen in dem hin und wieder strömenden Verkehre, ein Stammtisch gebildet, der sich wie eine eigene Institution des Winterbierhauses durch geraume Zeit erhalten hat. Man kann nicht sagen, daß dieser Tisch von irgend jemandem gegründet oder gestiftet worden sei, er ist vielmehr wie alles Gute auf der Welt, von der epischen Dichtung an bis auf die Walderdbeere, von selbst gewachsen. Der elementare Trieb des Durstes und nebenher der Wunsch, sich bei einem Glase Bier behaglich zu unterhalten, hat vielerlei Leute hierher geführt, die sich nach Bedürfnis gesucht und nach einem Annäherungs- und Scheidungsprozesse, der manches gebunden und manches ausgeschieden, eine schließliche Auswahl getroffen. Durch gediegene Trinkleistungen und sonstiges gute Betragen wußte sich diese Tischgesellschaft bald in Achtung zu setzen, und Herr Franz Obermayer, der jüngst an Jahren und an Ehren reich in eine bessere Welt hinübergefahren, hat vor ihr sein schwarzsamtenes Käppchen stets mit besonderer Rücksicht gelüpft. Während in der ganzen Wirtschaft die blank gebohnten Tische aus hartem Holze nicht gedeckt wurden, spreitete man am Stammtische wenigstens schneeweiße Servietten aus, um die höhere Sitte des Tischdeckens wenigstens sinnbildlich auszudrücken. Daß das Bier für diesen Tisch »langsam herabgelassen« und ohne jene tückische Zugabe, die gewöhnlich »Hansel« genannt wird, aufgetragen wurde, versteht sich bei intelligenten und auf die Reinheit des Getränkes bedachten Biertrinkern wohl von selbst. Man braucht das Bier nicht zu überschätzen, um ihm gut zu sein. Wasser ist unvergleichlich, und Wein, der Wärmer Leibes und Geistes, steht unendlich höher, Bier aber (von bibere, trinken) ist das geistige Getränke, schlechthin. Es ist bürgerlicher, geselliger Natur und kann, wie unsere nächsten Brüder, die Altbayern, beweisen, ohne bestimmte Grenzen getrunken werden. Es ist weich, einschleichsam, süffig und besitzt die Eigenschaft, den Durst zu stillen und ihn wieder zu wecken, so daß seine dialektische Begabung, Widersprüche abwechselnd hervorzurufen und zu schlichten, die natürliche Widersacherin einer frühen Polizeistunde ist. Indessen, ist der Stammtisch im Winterbierhause je unter dem Banne der Polizeistunde gestanden? Eine Frage, die ziemlich unnötig zu sein scheint, da ja Polizei-Verordnungen, die sich auf eine überschrittene Zeit beziehen, unseres Wissens keine allzulange rückwirkende Kraft besitzen. Was will die Polizei heute machen, wenn es sich herausstellt, daß die Stammtischgesellschaft am 18. November 1889, als sie kritische Fahnenträger der Berliner Naturalisten (meistens jüngere Männer mit großen Glatzen) zu Gaste hatte, ihre Unterhaltungen bis 3 Uhr morgens ausgedehnt habe?

An dem Stammtische beim »Winter« nahmen die heterogensten Menschen Platz. Unterhaltung beruht ja auf der Verschiedenheit und, bei sonst gleicher humaner Gesinnung, auf der Reibung der Geister, wobei Funken springen, die nur leuchten, vielleicht auch prickeln, aber nicht brennen. An diesen Bedingungen eines anregenden Gespräches hat es nie gefehlt. Ein liebenswürdiges Mitglied der Gesellschaft, das zu jeder Zeit kam, ging und wiederkam, war ein hoher Beamter, der unlängst in Preßburg ein tragisches Ende gefunden. Er hatte eine rasche Beamtenlaufbahn gemacht, so daß man, wenn man ihn eine Zeitlang nicht gesehen, nie wußte, mit welchem Titel man ihn anreden sollte. Er machte dieser Verlegenheit seiner Mitmenschen ein Ende, indem er sich mit halb Wien auf den Duzfuß stellte. Am frühesten kam und am frühesten ging ein Professor der Geschichte, ein großer Urkundenleser, der in der Zeit Karls des Großen und der Karolinger zu Hause war, wie kein zweiter, und zu den lebenslustigen Töchtern des großen Karl in einem intimen geschichtlichen Verhältnisse stand, kraft dessen er von ihnen Geschichten zu erzählen wußte, die dem christlich-germanischen Ideal des Mittelalters nur zum geringsten Teile entsprachen. Ein herber Wahrheitssinn der Geschichte und dem Leben gegenüber, der sich nicht selten in schneidendem Sarkasmus äußerte, stand diesem strengen Charakterkopf so gut zu Gesicht. Ihm auf dem Fuße pflegte ein Architekt zu folgen, den man seiner Gestalt wegen den kleinen Oberbaurat nannte. Er setzte sich auf einen für ihn eigens bereiten Polster und ließ seine klugen Augen um den Tisch herumgehen.

Manchmal wagte er plötzlich – ein Blitz aus heiterem Himmel – eine eigentümliche Meinung, die er etwa mit einem »jawohl, wie wir Wiener sagen« bekräftigte. Einmal verglich er die Schauspielkunst mit der Glasmalerei, worauf ihn ein neben ihm sitzender Burgschauspieler, dessen Kopf schwarz und scharf ist wie der eines Raben, mit verdutzter Miene ansah. Er suchte seine Meinung zu begründen, verwickelte sich aber in Widersprüche, die der einzige, der ihn verstand, nicht lösen wollte, und seitdem wird der Mann unruhig, wenn ein Wort von Glasmalerei fällt. Ein andermal, als er zur Wölbung des Zimmers aufsah, entwickelte er seine Ansichten über den Einfluß gewölbter Räume auf die Gemütsentwicklung des Menschen. Meistens wendete er sich bei solchen Auseinandersetzungen an einen Professor der Ästhetik, der gleichfalls zu den Frühkommenden gehörte. Dieser aber lenkte immer bald nach dem Süden ab, berauschte sich an italienischen Künstler- und Städtenamen oder setzte der Gesellschaft, da er früher häufig über die Prager Brücke gegangen war, die Geschichte vom König Wenzel und dem heiligen Nepomuk auseinander. Um neue Beiträge zu der Affäre Meißner-Hederich, über die er allein sachgemäß und in der geistvollsten Weise geschrieben hatte, war er nie verlegen. Wie oft schaute dann Alois Schönn mit seinen offenen Maleraugen zu ihm hinüber oder zeigte Heinrich Natter, der stundenlang beobachten und horchen konnte, lachend seine blendenden Zähne. Soldaten waren ein wichtiger Bestandteil der Gesellschaft. Mit ihrem frischen Tone, ihren gemessenen und doch bequemen Umgangsformen, ihrem vielseitigen Interesse brachten sie eine angenehme Abwechslung mit sich – Infanterie,

Kavallerie, Artillerie, alles war vertreten, auch die Marine fehlte nicht. Wer erinnert sich nicht der angenehmen Nachrichten, die ein geistreicher Schiffsleutnant, in dessen Erzählungen etwas vom Ozean rauschte, über die Damenmoden auf den Fidschi-Inseln mitteilte, oder an die Vermutungen, die ihm über den Durchzug der Israeliten durch das Rote Meer an Ort und Stelle gekommen waren? Allein unter allen den Tischgenossen, die zweierlei Tuch trugen oder getragen hatten, war ein Mann, der einst Hauptmann bei den Deutschmeistern gewesen, wohl die frischeste Gestalt. Mit seinem Regiment war er aus dem Urboden Wiens heraufgekommen; bei aller Bildung, die er sich angeeignet, schlugen die ungebändigten Naturlaute der Vorstadt durch, brach sich die Mundart und der Mutterwitz Bahn. Während andere nur in ihrer armen Sprache redeten, konnte er, weil ihn die Volksgunst inspirierte, in Zungen sprechen. Mit Treuherzigkeit trug er eine ihm ganz eigene Lehre von den Birnen und den Äpfeln vor, die eine ganze Weltanschauung umspannte, die aber leider nicht mitteilbar, weil sie ebenso urwüchsig als unschuldig ist. Noch geht von ihm das Märchen, daß er auf seine jährlichen Sommerreisen stets ein mit Geschmeide gefülltes Kästchen mitnehme, das er dann wieder leer mit heimbringe, nicht ohne ein gewisses Gefühl überlegener Weltkenntnis zur Schau zu tragen. Diesem mitteilsamen Zecher hört fein hinhorchend ein Kinderarzt zu, aus dessen ironischem Lächeln die Ansicht zu sprechen scheint, daß die Erwachsenen unheilbare Kinder seien. Teilt der Seelenarzt gegenüber, der treffliche Pater Peter, gleichfalls diese Meinung? Der schwarze Herr spricht sich hier über den moralischen Wert der Welt nicht viel aus; er hat den Geistlichen, sein korrektes Wesen ausgenommen, vor der Tür gelassen und spricht dem Getränk als ein profunder Kenner zu. Punkt 12 Uhr ist sein letztes Glas – das wievielte, wissen wir nicht – geleert, und als ihm einer einmal den scherzhaften Rat gab, nunmehr nach der Prager Zeit zu trinken, wies er ihn durch ein zwar schmerzliches, aber entschiedenes Lächeln zurück. Von dieser Seite kam nie ein streitlustiger Zug in die Gesellschaft hinein, selbst die sonst so giftigen musikalischen Gegensätze platzten nie aufeinander, sondern verpufften in mehr oder minder heiteren Neckereien. Wir hätten auch gleich Staatsanwälte bei der Hand gehabt. Am Stammtische saßen ihrer zwei, ein Baß und ein Tenor, der eine der älteren Juristenschule angehörig, der andere mit allen bunten Federn der neuesten Forschung aufgeschmückt, so daß, wenn der eine ein vormärzliches Gesetz gründlich besprach, der andere etwa über das Strafverfahren der alten Ägypter geistreich plauderte. Manchmal ging wie ein musikalischer Friedensengel einer der feinsten Wiener Tonkünstler durch die Gesellschaft, den wir nicht näher zu zeichnen brauchen, weil ihn einer vom Stammtisch in den folgenden Versen besungen hat:

> Auf Anmut, Geist und Seele stets bedacht,
> Von Leidenschaft nur maßvoll angefacht,
> Bist du der milde Meister einer Zeit,
> Die ungebärdig nach dem Grellen schreit.

Im innersten Winkel des Tisches aber saß der eigentliche Lokalgenius der Gesellschaft, ein kleiner schwarzer Mann mit scharfem Profil, der aus seinen Augen bald grimmige Blicke schoß, bald wohlwollende, gemütvolle Strahlen versendete. Er hatte eine Meerschaumpfeife im

Munde, die er mit Anstrengung rauchte, weil er sie mit Absicht aufs härteste zu stopfen pflegte, denn wie er selbst die glänzendsten Seiten des Lebens mit einer Art Verdruß aufnahm, so mußte auch seinem Lieblingsgenuß einige Mühseligkeit anhaften. Er war ein Mann der Feder, voll Talent, doch ohne Ehrgeiz. Er besaß die Gaben, die Menschen anzuziehen und festzuhalten, ohne sich viel darum zu bemühen. Seit Ludwig Porges tot ist, hat der Stammtisch beim »Winter« seinen eigentlichen Mittelpunkt verloren. Ob sich ein anderer wiederfindet? … Wenn ein verspäteter Zecher allein und träumend in der Geisterstunde am Stammtisch weilt, so kommen die verstorbenen Kameraden alle herbei, setzen sich aus alter Gewohnheit an ihre Plätze und greifen zum Glas, als ob sie vergessen hätten, daß sie tot sind. »Die Blume!« ruft der eine, »Deinen Rest!« der andere. Schlag eins ist alles vorüber. Sinnend kehrt man heim, gedenkt wehmütig der alten Freunde und wünscht einem jüngeren Geschlechte, daß es so fröhlich und behaglich, wie wir einst gesessen, am Stammtisch auch sitzen möge.

*(Am 7. Mai 1893)*

LEO SILLNER

## WAHLKAMPF MIT DEM BIERSCHLEGEL

Das Bier ist ein Getränk, das an keinen bestimmten Menschenkreis, keine Volksschichten oder Berufsgruppen gebunden ist. Aber es haben sich gewisse Biertrinker-Typen gebildet.

Der berühmteste und umstrittenste ist der *Bierdimpfl*.

Die Witzblätter haben ihn wohl erfunden und aufs Korn genommen – auch dort, wo es dieses Wesen gar nicht gibt: Ein kahlköpfiger, dickbauchiger Mann, mit großer rötlichblauer Nase, einem Doppelkinn, fetten Schweinsäuglein und einem Seehundsbart, an dem die Schaumtropfen hängen. Ein griesgrämiger, grantiger, hintergründiger oder cholerischer Brummbär, den überdimensionalen Maßkrug vor sich. Da sitzt er, mit sich, seinem Nachbarn und der Welt uneins, die Personifizierung der Nörgelei und Aufsässigkeit. Was er sagt, sind Bierdimpflansichten.

Gibt es diesen Typ wirklich? Bestimmt. Nur erhebt sich die Frage, was er mit dem Bier zu tun hat. Denn es ist zu bezweifeln, daß die Mentalität eines Menschen vom Bier abhängig sein soll. Mit dem Bier hat der Bierdimpfl nur den Namen gemein.

Politische Probleme werden nirgendwo so heftig und zäh ausdiskutiert wie am Stammtisch. Hier hat man Zeit – und Bier. Und wenn Männer beides haben, gibt es meist einen anregenden Diskurs. Natürlich trägt das Bier häufig zu derart kühnen Lösungen bei, daß einem verantwortlichen Minister die Haare zu Berge stünden, und die Welt würde bei ihrer Verwirklichung schon längst ganz anders aussehen.

Aber unzweifelhaft macht das Bier die Beschäftigung mit der Politik schmackhafter. Hier ein Beispiel: Es war im bayerischen Peißenberg, fünf Jahre nach dem letzten Krieg, daß dem amerikanischen Bezirksdirektor, dem die Demokratisierung der Deutschen sehr am Herzen lag, einmal die Gemeindeversammlung recht schläfrig vorkam. Da versprach er jedem Teilnehmer einen Liter Freibier, wenn auch nur drei Fragen an die anwesenden

Behördenvertreter gerichtet würden. Und siehe da, es dauerte keine Minute und die demokratische Diskussion zwischen Volk und Behörde kam in Gang.

Den Fürsten Bismarck hingegen könnte man schon an einer einzigen Bemerkung als schlechten Demokraten entlarven. Er sagte einmal im Reichstag: »Es wird bei uns Deutschen mit wenig so viel Zeit totgeschlagen wie mit Biertrinken.«

Wenn es auch bei Stammtischdiskussionen manchmal recht hitzig zugeht, so vermag das Bier andererseits doch die Gegensätze zu überwinden und die Menschen über alle politischen Gegensätze hinaus zu vereinigen.


IRENE KRAUSS

## BIERKRAWALLE

Weil früher in beinahe jeder Stadt Bier gebraut und ausgeschenkt wurde, suchte jede ihr Absatzgebiet durch entsprechende Verbote zu sichern und Bierimporte aus anderen Städten zu unterbinden. Unerlaubt eingeführten Bierfässern wurde mit der Axt der Faßboden ausgeschlagen. Ein Beispiel hierfür ist Dortmund, das sein Bier im späten Mittelalter nach Münster, Bielefeld und Minden lieferte. Aus diesem Grunde kam es zu einem regelrechten Bierkrieg, denn die jeweiligen Städte versuchten ihre Brauer vor der unerwünschten Konkurrenz zu schützen. Scharfschützen sollen Löcher in die Holzfässer auf den Dortmunder Bierwägen geschossen haben, worauf die Dortmunder mit Vergeltungsaktionen antworteten. Ob es bei dieser Bierfehde tatsächlich derart rabiat zuging, sei dahingestellt, die Empörung jedenfalls war groß. Ähnliche Vorkommnisse sind aus dem Jahre 1490 bekannt, als die Zittauer ihr Bier über die Görlitzer »Bannmeile« brachten und dafür von aufgebrachten Görlitzer Brauern verprügelt wurden. Die Stelle, an der das Bier aus den aufgeschlagenen Faßböden herausgelaufen ist, wird heute noch als »Bierpfütze« bezeichnet.

Genauso explosiv wirkten Bier und Brot um 1840 in Oberbayern. Nachdem dort die Bier- und Brotpreise sprunghaft gestiegen waren, kam es zu offenen Protesten, Wirtshausrandalen, Brauereierstürmungen und Prügeleien. Ursache dieser Preiserhöhungen waren mehrere schlechte Ernten, die zu einer Verknappung und Verteuerung des Rohstoffes Getreide geführt hatten. Als am 1. Mai 1844 der Preis einer Maß um einen halben Kreuzer in die Höhe ging, wurde die Lage *bierernst*. Ein Kreuzer war damals viel Geld, bekam man dafür doch eine Semmel, die sogenannte »Ein-Kreuzersemmel«. Viele weigerten sich, die erhöhten Bierpreise zu bezahlen. Man bediente sich gewaltsam, randalierte und demolierte Brauereien wie Gasthauseinrichtungen. Selbst Bäckerläden mußten daran glauben. Die Münchner Bierrebellen trugen jedoch den Sieg davon, denn die Bier- und Brotpreiserhöhungen wurden rückgängig gemacht.

1. Mai 1847, Schauplatz Ulm: Infolge von Mißernten und gestiegenen Getreidepreisen kam es hier zum berühmtberüchtigten Brotkrawall. Empörte Bürger gingen auf die Straße und griffen sowohl die Wohnung eines Mühlenbesitzers sowie ein Brauhaus an, denn auch Bier war teurer geworden.

Ähnlich verlief der Linzer Bier- und Brotkrawall vom 1. Mai 1874, über den es in der Linzer »Tages-Post« hieß: »Wir geben zu, daß das Volk in seiner Erbitterung über die zunehmende Preissteigerung aller Lebensmittel und besonders des Bieres, seinen stets bestätigten Sinn für Ordnung, Gesetz und Recht vergessen konnte.« Auch hier wurden die Preissteigerungen zurückgenommen.

STEFAN ZWEIG

## GRENZVERKEHR DER BIERLIEBHABER

Salzburg als Grenzstadt gab mir beste Gelegenheit, diese täglichen Raubzüge zu beobachten. Zu Hunderten und Tausenden kamen aus den nachbarlichen Dörfern und Städten die Bayern herüber und ergossen sich über die kleine Stadt. Sie ließen sich hier ihre Anzüge schneidern, ihre Autos reparieren, sie gingen in die Apotheken und zum Arzt, große Firmen aus München gaben ihre Auslandsbriefe und Telegramme in Österreich auf, um an der Differenz des Portos zu profitieren. Schließlich wurde auf Betreiben der deutschen Regierung eine Grenzbewachung eingesetzt, um zu verhindern, daß alle Bedarfsgegenstände statt in den heimischen Läden in dem billigeren Salzburg gekauft wurden, wo man schließlich für eine Mark siebzig österreichische Kronen erhielt, und energisch wurde am Zollamt jede aus Österreich stammende Ware konfisziert. Aber ein Artikel blieb frei, den man nicht konfiszieren konnte: das Bier, das einer im Leibe hatte. Und die biertrinkenden Bayern rechneten es sich am Kurszettel von Tag zu Tag aus, ob sie

im Salzburgischen infolge der Entwertung der Krone
fünf oder sechs oder zehn Liter Bier für denselben Preis
trinken konnten, den sie zu Hause für einen einzigen
Liter zahlen mußten. Eine herrlichere Lockung war nicht
zu erdenken, und so zogen mit Weibern und Kindern
Scharen aus dem nachbarlichen Freilassing und Rei-
chenhall herüber, um sich den Luxus zu leisten, so viel
Bier in sich hineinzuschwemmen, als der Bauch nur
fassen konnte. Jeden Abend zeigte der Bahnhof ein
wahres Pandämonium betrunkener, grölender, rülpsen-
der, speiender Menschenhorden; manche, die sich zu
stark überladen, mußten auf den Rollwagen, die man
sonst zu Koffertransporten benutzte, zu den Waggons
geschafft werden, ehe der Zug, gefüllt mit bacchanti-
schem Geschrei und Gesang, wieder zurückfuhr in ihr
Land. Freilich, sie ahnten nicht, die fröhlichen Bayern,
daß ihnen eine fürchterliche Revanche bevorstand.
Denn als die Krone sich stabilisierte und dagegen die
Mark in astronomischen Proportionen niederstürzte,
fuhren vom selben Bahnhof die Österreicher hinüber,
um ihrerseits sich billig zu betrinken, und das gleiche
Schauspiel begann zum zweitenmal, allerdings in der
entgegengesetzten Richtung. Dieser Bierkrieg inmitten
der beiden Inflationen gehört zu meinen sonderbarsten
Erinnerungen, weil er plastisch-grotesk im kleinen den
ganzen Irrsinnscharakter jener Jahre vielleicht am deut-
lichsten aufzeigt.

LUDWIG THOMA

## DER LETZTE ABENDSCHOPPEN

Am Dienstag, den 3. Januar, verstarb der Realitätenbesitzer Josef Seilinger eines plötzlichen Todes.

Er war wie alltäglich beim Sternbräu zum Abendschoppen eingekehrt, trank mit sichtlichem Behagen seine drei Maß Bier und sprach sich mit gewohnter Lebhaftigkeit über die Schlechtigkeit der preußischen Zustände aus.

Um sieben Uhr verließ er die Gaststube und begab sich in die Küche, um sich von der Frau Wirtin zu verabschieden. Er wechselte einige Scherzworte mit ihr und sagte noch: »Jetzt pfüat Eahna Gott, Sie Schneckerl, Sie liab's«, da fiel er plötzlich streckterlängs zu Boden und war maustot.

SCHWEJK NACH DEM KRIEGE IM ›KELCH‹ IN PRAG

# EXLIBRIS
# DR. EMIL KUNZE

## BIER

Eine Flasche Bira nimsawiji ist besser als alle Weisheit der Gelehrten.

*Karl May*

Da ich keines der hiesigen geistigen Getränke vertragen kann und Wasser am Brunnen auch nicht zu schöpfen wußte, so trank ich ein Glas Ginger-Beer, was mich erquickte, und mir sehr wohl bekam. Will dieses Zeug zu meinem Getränke machen.

*Franz Grillparzer*

EDUARD MÖRIKE

AN PHILOMELE

Tonleiterähnlich steiget dein Klaggesang
Vollschwellend auf, wie wenn man Bouteillen füllt:
    Es steigt und steigt im Hals der Flasche –
        Sieh, und das liebliche Naß schäumt über.

O Sängerin, dir möcht ich ein Liedchen weihn,
Voll Lieb und Sehnsucht! aber ich stocke schon;
    Ach, mein unselig Gleichnis regt mir
        Plötzlich den Durst und mein Gaumen lechzet.

Verzeih! im Jägerschlößchen ist frisches Bier
Und Kegelabend heut: ich versprach es halb
    Dem Oberamtsgerichtsverweser,
        Auch dem Notar und dem Oberförster.

## DIE BIERSELIGKEIT DES JEAN PAUL

Durch die Ablehnung der Lebensrente ist Jean Paul nun [1800] nicht an Preußen gebunden. Jetzt steht die Wahl des Wohnorts ihm frei. In Berlin zu bleiben hat er nicht vor. In Briefen an die Freunde stellt er immer wieder die Frage, welche Stadt sie für ihn geeignet halten. Billig muß man in ihr wohnen können, Berge muß sie in ihrer Umgebung haben und gutes Bier: braun und bitter. Allen Ernstes macht er auch davon die Wahl des künftigen Domizils abhängig. Als er Halberstadt erwägt, schreibt er an Gleim: »Ich bitte Sie um Nachricht, ob nicht wenigstens 3, 4, 5 Meilen von Halberstadt recht bitteres Hopfenbier zu finden ist.«

Bier war damals schon, neben reinem Wasser, das verbreitetste Getränk kleinbürgerlicher Kreise. Die Obrigkeit jeder, selbst der kleinsten Stadt, vergab Braugerechtigkeiten, die nicht an Personen, sondern an bestimmte Häuser gebunden waren, und regulierte die Preise, die sie (wie auch bei Brot und Fleisch) möglichst niedrig hielt, um bei der Bevölkerung keine Unruhe aufkommen zu lassen. Jean Paul brauchte Bier als Anregungsmittel für seine Arbeit. Es hatte langsam den Kaffee abgelöst, der ihm die immense Arbeitsleistung in der Jugend ermöglicht hatte. Als er am »Hesperus« schrieb, notierte er sich Regeln für die Arbeit, die sich nicht nur auf Form und Inhalt der Kapitel, sondern auch auf Arbeitstechnik und -moral bezogen. »14. Bessere dich!« hieß es da, »16. Gehe die Hauptartikel im Wörterbuch [Register für Exzerptensammlung] durch«; dazwischen aber stand, nicht weniger wichtig, die Anweisung zum Kaffeetrin-

ken: »Früh 2½–3 Lot, abends 2.« Er trank also so viel und
so stark, daß er in einen Rausch geriet. Den erzielt er
jetzt durch Bier. Schon aus Weimar berichtete Böttiger:
»Er trinkt, wenn er komponiert, viel Bier und Wein und
sitzt erstaunlich warm, wie in einem Schwitzofen«, und
Karoline schreibt, nachdem sie eine Woche mit ihm
verheiratet ist, an ihren Vater: »Aus Grundsatz und Ökonomie gewöhnt der gute Mensch sich den Wein ab …
trinkt nur Bier.« […]

Auf seinem schwarz bezogenen Kanapee sitzt er beim
Arbeiten. Sonst gibt es im Zimmer außer dem »Schreib-
und Schmiertisch« aus Kiefernholz nur harte Stühle und
das altbewährte Regal, aus dem er, ohne aufzustehen,
Exzerptensammlungen, Studien- und Briefkopierbücher
nehmen kann. Hier sitzt er tagtäglich von früh um halb
sieben bis abends um fünf. Schon der Morgenkaffee
wird ihm hier serviert, dann das zum Arbeiten nötige
Bier. Nur zum Mittagessen geht er in das Zimmer seiner
Frau hinüber und liest in der Verdauungspause den
»Reichsanzeiger«. Abends werden Besuche gemacht oder
empfangen: der Geologe Heim (Bruder des berühmten Berliner Arztes), der auf der anderen Straßenseite
wohnt, die Gräfin Schlabrendorf, die nach Meiningen
vorausgefahren war, die Wohnung für das Paar ge-
mietet hatte und nun bald wieder heiraten wird, oder
Georg I., Herzog von Sachsen-Meiningen, ein Mann mit
»Kenntnis und Güte«, aber ohne »Poesie und Philoso-
phie«, mit dem er, wie er Otto gegenüber immer wieder
versichert, verkehrt wie mit seinesgleichen. Einladungen
aufs Schloß schlägt er oft ab; wenn er zusagt, kommt
und geht er, wann er will, und als der Herzog ihm er-

öffnete, ein Haus für ihn bauen lassen zu wollen, wehrt er entsetzt ab: Ewig will er nicht bleiben. Ihm fehlen die Gespräche mit Freunden. Und auch das Meininger Bier ist schlecht.

Seit acht Jahren ist Jean Paul mit Emanuel Osmund befreundet, einem Bayreuther Juden, der es vom Hausierer zum Handelsmann gebracht hat. Preußische Offiziere mißhandelten ihn so, daß er zeit seines Lebens schwerhörig blieb. Seiner Güte und Menschenliebe hatte das keinen Abbruch getan. Emanuel sei sein »Glaubensgenosse in höherem Sinn, als die Reichsgesetze es nehmen« (die nämlich die Juden nicht als gleichberechtigt anerkannten), hatte Jean Paul an Henriette Herz geschrieben. Auf seinen Reisen nach Bayreuth pflegte Jean Paul bei Emanuel zu wohnen. Der Briefwechsel mit ihm riß in allen Wanderjahren nicht ab. Jetzt, in Meiningen und später in Koburg, wird Emanuel besonders wichtig für ihn: Er schickt ihm Bier. Von den mehr als 60 Briefen, die Jean Paul in diesen Jahren an ihn schreibt, fehlen in wenigen nur Hinweise auf den »Magen-Balsam«, den »Herbst-Trost«, das »Seelenbier«, die »Lethe«, die »vorletzte Ölung«, das »Weihwasser«, (das ihn einmal sogar, in Koburg, mit dem Gesetz in Konflikt bringt, weil er nach seinem reichlichen Genuß das Wasser auf der Straße abschlägt und dafür einen Reichstaler »Pissteuer« zahlen muß.)

Ein Einspänner bringt die Fässer oder Eimer mit Bayreuther, Johanniter oder Kulmbacher Bier von Bayreuth nach Meiningen, und Jean Paul gerät in leichte Panik, wenn die Fässer sich leeren, ehe die neue Sendung angekündigt ist. Wieder und wieder betont er: die Kunst

verlangt es; einige ihrer Effekte sind ohne Anregungsmittel nicht zu erzielen; nicht sein Gaumen, sondern sein
Gehirn hat Gewinn davon. »Und steigt mir eine Sache
nicht in den Kopf, so soll sie auch nicht in die Blase.«
Sicher sei er vom Bier abhängig, verteidigt er sich, aber
sei das nicht jeder von anderen Dingen auch, zum
Beispiel im Winter vom Ofen? »Bei der Einfahrt eines
Bierfasses ...« schreibt Karoline an Emanuel, »läuft er
seliger umher als bei dem Eintritt eines Kindes in die
Welt ... Mit solcher Ungeduld werden die Stunden ge-
zählt und schon im Voraus mit Trinken gefaßtet. Ist er
endlich angekommen, dann wehe ihm [dem Kutscher],
wenn er zulange ausruht; gleich muß das Bier ins Haus,
um einen frischen Krug mit dem Heber herausziehen zu
können.«

Diese Bierseligkeit ist rührend und komisch (Karoline
behauptet auch, herzlich über sie zu lachen) – aber sie
weist auch auf die Abgründe hin, die hier lauern. Zum
Trinker wird niemand ohne Grund. Hier ist es der, daß
einer mehr will, als er kann. Mit Aufputschmitteln versucht er, seine Hochform zu halten. Einer, der sich ganz
der Kunst verschrieben hat, fürchtet die Leere, die sich
hinter ihr auftut, wenn die Kraft nachläßt.

ROLF KÖNIG

## NESTROYS STUDIEN

Österreichs bekanntester Komiker, Johann Nestroy, gastierte in München. In der Zauberposse »Lumpazivagabundus«, die er selbst verfaßte, trat er als Schuster Knieriem auf.

Bayerns König Ludwig I. ließ den Künstler nach der Vorstellung in seine Loge rufen und sprach ihm seine Anerkennung aus. Nur etwas kam ihm zu übertrieben vor: die Wirtshausszene.

»Wo haben Sie denn Ihre Studien zu diesem Schuster Knieriem gemacht, mein lieber Nestroy?« ließ sich seine Majestät tadelnden Tones vernehmen.

»Halten zu Gnaden, Majestät«, erwiderte Nestroy gelassen, »im Königlichen Hofbräuhaus!«

CHARLES BAUDELAIRE

## DIÄT MIT ALE

AN ALFRED DE VIGNY

[Paris, 30. Januar 1862]

Monsieur,

[...] Wenn man mit Ihnen zusammen ist, vergißt man sich so sehr, Monsieur, daß ich es gestern versäumt habe, Ihnen Genaueres über das gute Ale und das schlechte Ale zu sagen. Da Sie es mit dieser Diät versuchen wollen, hüten Sie sich wie vor der Pest (das ist keine Übertreibung; ich war krank davon) vor jeder Flasche mit dem Etikett *Harris*. Das ist das reinste Gift!

Obwohl *Allsopp* und *Bass* gute Hersteller sind (*Bass* vor allem), ist auch ihren Etiketten zu mißtrauen, weil man hier auf Fälschungen hereinfallen kann. Das Vernünftigste ist, Sie wenden sich an einen der beiden anständigen Lieferanten, die ich Ihnen namhaft machen werde, und verlassen sich auf deren Redlichkeit.

*Rue de Rivoli,* ganz nahe an der Place de la Concorde, einer mit Namen *Gough,* der Mietwohnungen vermittelt und gleichzeitig spanische Weine und, neben englischen Likören, auch Biere verkauft.

Dann, zwei Schritt von mir entfernt, wohl Nr. 26 der *Rue d'Amsterdam,* die Schenke *Saint Austin*. Nicht zu verwechseln mit einer anderen Schenke, die etwas früher kommt und die von einem Deutschen geführt wird. Bier und Porter sind dort ausgezeichnet und preiswert.

Ich glaube, *Gough* verkauft auch sehr altes Ale, neben den gewöhnlichen Sorten. Aber dieses ist äußerst stark.

Nicht wahr, Sie verargen es mir nicht, daß ich mich derart in die kleinen Einzelheiten mische, welche die Pflege Ihrer Gesundheit betreffen, und daß ich Ihnen meine Erfahrungen als Pariser mitteile.

Ihr sehr dankbar ergebener

*Charles Baudelaire*

ECKHARD HENSCHEID

# EIN FLOTTER TAG
# IM LEBEN DES GOTTFRIED BENN

*Aus Lyrik und Alkoholismus**

> »Potente Gehirne aber stärken sich nicht durch
> Milch, sondern durch Alkaloide. Ein so kleines Or-
> gan von dieser Verletzlichkeit, das es fertigbrachte,
> die Pyramiden und die Gammastrahlen, die Löwen
> und die Eisberge nicht nur anzugeben, sondern sie
> zu erzeugen und zu denken, kann man nicht wie
> ein Vergißmeinnicht mit Grundwasser begießen.«

> *(Benn, Provoziertes Leben)*

*Würzburger Hofbräu.* 9 Uhr 50. Ich, Dr. Gottfried Benn,
erwache dort, wo ich gestern *alleine nach großer Nacht
Korn und Weine dargebracht* und wo mich der Wirt,
sehr freundlich, gleich hat liegen lassen: hinterm Ofen,
auf der Bank. Mein Gott, was ein Nächtle! *O aufgetrun-
kene Schwäre! Trunkene Flut!* Ein aber ehrlich runder
Abend, Herrschaftseiten!

   Das Lokal ist noch leer. *Grog und Magenbitterreste*
von gestern hängen noch satt in der Luft. Was tun? Nach
Hause gehn? Nichts da, Gottfried! *Bleiben und Stille
bewahren!* Frühstück? *Es lohnt kaum den Kakao.* Erst
*abends Destille?* Nein, besser gleich scharf am Ball bleiben und ein strammer Frühschoppen. Hinterm Tresen
hantiert Albert herum, *trinkt rasch mal,* wahrscheinlich

---

* Sämtliche kursiv gesetzten Texte sind Zitate aus Gottfried Benns lyri-
schem Werk.

schon wieder *rauschnah und todverfärbt* sowieso. Ein gutes Haus, *der alte Kellner. Wenn eins ihn seiner Kinder sähe: er möchte wohl ein anderer sein.* Ausgezeichnet! Bereits in aller Herrgottsfrühe wieder *toxische Sphären.* Naja, ich sag mir halt immer: *Vor keiner Macht zu sinken, vor keinem Rausch zur Ruh, du selbst bist Trank und Trinken, der Denker Du.* Nur nicht nachlassen, Gottfried! Albert, ein dunkles Weizenbier!

*Meine Augen trinken schon.* Danke, Albert! Ah! Klasse! Das zischt! *Ich gurgle bis in mein Tief. Das Unaufhörliche. Ein dunkler Trank.* Warum einen so duften Morgen mit Arbeitskram belasten? *Fraß, Suff, Säfte tauschen,* das ist halt immer noch das Gescheiteste für den *späten, den götterlosen, den Rauschtyp.* Sicher, ich bin Arzt und Dichter dazu, und von Rechts wegen könnt' ich eigentlich wieder mal in die Schreibmaschine greifen – aber was soll's, am besten, Benn, *wenn du schweigend weitertrinkst.* Albert, noch ein Weizen!

Äh, was ich sagen wollte: Ja, die Dichtung. *Der Geist muß wohl in allem rauschen.* Geschichte? *Tausendjährig Vase und Krug. Die trunkenen Fluten fallen.* Muß alles sein, jawohl. *Die Welten trinken und tränken sich Rausch zu neuem Raum.* Genau. Und klingt auch noch gut. Werd' ich im nächsten Poem unterbuttern …

Was war eigentlich genau gestern abend? Ah ja, richtig, zuerst in einer dieser *Kneipen, wo ich manchmal hause grundlagenlos.* Ja, und dann eben hier. *Stillem Trunk ergeben.* Klasse-Publikum hatte es gestern! Alle vom Saufen *braun wie Kognak. Und alles trunken.*

Albert, jetzt ein Pils! Und einen Klaren! Wird mir schon gleich besser. Ah, siehe da, der zweite Gast! Scheint'n guter Typ zu sein: fängt gleich mit Bier und einem Whisky an. Ich sag's ja, am besten gefallen mir halt immer *diese Lechzenden, die aus zwei Bechern trinken.* Bier und Schnaps: die ideale *Synthese. Trinke dich satt, Herr Nachbar.* Was ein Zug! Bißchen nervös freilich. Jaja, diese Destillen. *Zuerst Räusche und Rausch und dann das große Zittern.* Naja, was soll's?

Heinrich Kohler: Münchner Bürgermädchen bei der Brotzeit
im Biergarten des Wirtshauses am Chinesischen Turm
im Englischen Garten

# VII. ZECHEREIEN UND BIERFESTE

SEBASTIAN BRANT
## DER BIERSÄUFER

Die Biersäufer dazu ich meine,
Wenn einer trinkt 'ne Tonne alleine
Und wird dabei so toll und voll –
Man stieß mit ihm die Tür auf wohl.
Ein Narr muß *saufen* erst recht viel,
Ein Weiser *trinkt* mit Maß und Ziel
Und ist dabei doch viel gesunder,
Als wer's mit Kübeln schüttet runter.
Der Wein geht ein – man merkt es nicht,
*Zuletzt* er wie die Schlange sticht
Und gießt sein Gift durch alles Blut,
Gleichwie der Basiliskus tut.

ARNOLD ZWEIG
## SILENTIUM EX!

Seht ihr sie da sitzen, viele Knaben mit Gesichtern, die
von den Gasflammen grünlich sind? Sie lachen; eine
herzhafte, laute Versammlung. Über ihnen hängen häß-
liche Bilder und Geweihe, an deren Enden sie ihre bunten Mützen keck aufgespießt haben; auf der langen
Tafel, gebildet aus vielen rotkariert gedeckten Tischen,
stehen große Biergläser mit Zinndeckeln, und in die
Rauchschwaden ihrer Zigarren und Zigaretten hinein reden sie alle zugleich, helle Stimmen und tiefe, laut, un-

beengt und gut gestimmt: das sind die Rauchwitzer Schüler; und der Pikkolo, der mit emsiger Freudigkeit eben neues Bier heranschleppt, dieser blutjunge Pygmäe, ist augenscheinlich größer und sicher älter als mancher von ihnen. Sie sind sorglos und können's sein; kein Oberlehrer wird plötzlich hereinkommen und durch seine bloße Gegenwart diese Heiterkeit jäh zum Schweigen und Erstarren bringen … hier sitzen sie, Herren des Ortes, und kneipen offen und unter Gesetzes Schutz. Zweimal die Woche sind ihnen anständige Bierlokale vom »Chef« freigegeben, »damit Sie mir nicht unbefugt in Kaschemmen hocken«.

Dies aber war keiner der gewöhnlichen Kneipabende. Denn so streng die Trennung der Klassen sonst beachtet wurde: aus den Jungenköpfen der Obersekundaner hoben sich dennoch die würdigeren der Primaner heraus, und selbst die gereiften und bärtigen Herren fanden sich, die die Oberprima bildeten und zierten! Welch eigentümliches Gesicht! Da saßen sie alle beieinander, schwatzten, rauchten oder sangen auf den Wink des Vorsitzenden, nachdem ein unsägliches Klavier die übrigens allen bekannte Melodie intoniert und vorgeführt hatte, daß es ungewiß sei, was die Welt morgen brächte, Leid oder Freud, und schlossen auf unanfechtbare Art mit der Versicherung, »heute sei h-o-i-t«, wobei die Weise emphatisch in die obersten Lagen stieg. Kam ihr Pathos aus der echten Überlegenheit des Weltweisen über das ungebunden lauernde Geschick? Oder war es etwa nur das Hintersichwerfen einer geheim drückenden Angst? Letzteres war der Fall, und damit hing es zusammen, daß sie heute hier so brüderlich den Mund weit und rund öffneten: alle drei Klassen hatten heute das letzte der großen Extemporalien angefertigt, die über die Versetzung, bei den Oberprimanern jedoch über das Abiturium entschieden; dies mußte man feiern, da überdies ein Daheimsitzen unratsam war, der Skrupel und Ängste wegen … versteht man nun? Der Regen brach in Strömen aus den Wolken, und in den Straßen arbeitete der Sturm – man war im März; aber dennoch saßen sie fast vollzählig da, außer Otto Klose, dem blonden Primus von O I, fehlte keiner. Dieser allerdings hatte heftig zu arbeiten.

Der Präside schlug mit dem Säbel – einem langen krummen Säbel mit großem Korb – schmetternd auf den Tisch, bedeutungsvoll, wie ein Häuptling wilder Völkerschaften mit dem Speer den dröhnenden Schild schlägt, rief, das männliche Zeichen auslegend: »Silentium ex! Ein Schmollis den Sängern und der famosen Kapelle!« und verschlang das Bier in seinem Glase. »Prost!« schrien alle und hoben ihm ihre Krüge entgegen, freudig und anerkennend, »Prost, Allah!«, und lautes Reden brach allgemein aus.

## DER BIERKOMMENT

Der Bierkomment ist die Gesamtheit jener Sitten und Gebräuche, die in Studentenkreisen und auch bei vielen Philisterstammtischgesellschaften in allen deutschen Ländern im Schwange sind.

Die Tischrunde, die sich bei ihren Zusammenkünften der Regeln des Bierkomments bedient, heißt die Kneiptafel. An der Kneiptafel dürfen nur »bierehrliche« Personen sitzen. Wer durch einen Verstoß gegen den Komment die Bierehre verloren hat, muß als »Bierschisser« oder »Bierschwein« die Kneiptafel verlassen, er steckt im »Bierverschiß«, hat sich aber so rasch wie möglich wieder bierehrlich zu machen.

Jede Kneiptafel untersteht der unumschränkten Biergewalt des Leiters, »Hohes Präsidium« oder kurz »Hohes« genannt. Es sitzt am oberen Ende der Tafel; ihm gegenüber das »Kontrarium«, das ebenso wie alle anderen Mitglieder der Runde dem »Hohen« untersteht. Manchmal räumt das »Hohe« dem »Kontrarium« den diesem zunächst sitzenden Teil der Runde oder »Korona« als Machtbereich ein, wodurch aber seine eigenen Machtvollkommenheiten nicht eingeschränkt werden. Der Machtbereich des »Kontrariums« heißt »Unterhaus«, der übrige Teil der Gesellschaft »Oberhaus«. Die Grenze zwischen »Oberhaus« und »Unterhaus« bestimmt das »Hohe«. Das »Hohe« eröffnet die Kneipe, ordnet das Singen von Liedern an, sieht darauf, daß dies anständig und richtig gemacht wird, sorgt für die Einhaltung des Bierkomments und ahndet Verstöße durch Bierstrafen.

Wenn das »Hohe« seinen Platz an der Kneiptafel verläßt, hat es einen Stellvertreter zu ernennen. Meistens übernimmt das »Kontrarium« für diese Zeit die Leitung von seinem Platze aus. Das gleiche gilt für das »Kontrarium« im umgekehrten Sinn.

Das Bier ist der einzig und allein kommentmäßige Stoff. Wer kein Bier trinken kann, muß dies unter Angabe des Grundes dem »Hohen« melden und wird vor der Korona als »bierimpotent« erklärt. Er darf sich an keinem Ulk beteiligen, sich weder zutrinken lassen, noch selber anderen zutrinken und ist überhaupt an der Kneiptafel nur geduldet. [...]

Für den Bierverkehr der Kneipanten untereinander, für das Zutrinken, bestehen folgende Regeln: Es kann mit jedem Quantum zugetrunken werden: Mit der »Blume«, einem »Stück«, einem »Halben«, einem »Ganzen«, seltener gebräuchlich ist der »Ehrenrest«. Das Zutrinken ist für den, dem es gilt, eine Ehrung. Deshalb muß das gebrachte Quantum angenommen und wenigstens mit dem gleichen Quantum erwidert werden. Entweder zieht der Betreffende gleich mit oder er muß binnen fünf Bierminuten (drei Zeitminuten) nachkommen. Wenn Füchse einem vollberechtigten Kneipanten ein Quantum bringen wollen, müssen sie dies auf dem Wege über das »Kontrarium« dem »Hohen« ankündigen. Das Nachtrinken eines Quantums muß der Nachkommende dem bezüglichen Kneipanten mitteilen. Versäumt es eine Bierperson, binnen fünf Bierminuten einem Quantum nachzukommen, kann sie von dem, der ihr das Quantum brachte, dazu »getreten« werden. Kommt der Getretene nach dreimaligem Treten nicht nach, fliegt er in den B. V. (Bierverschiß); Füchse können nur ihresgleichen treten und dürfen vollberechtigte Bierpersonen wieder nur durch solche treten lassen. Als besondere Ehrung gilt es, ein Quantum »aufs Spezielle« zu bringen. [...]

Streitigkeiten und Ulkereien an der Kneiptafel werden durch »Bierjungen« ausgetragen. Der Beleidiger wird durch das Wort »Bierjunge« vom Beleidigten herausgefordert. Jener antwortet: »Sitzt.« Darauf wird ein Unparteiischer gewählt, meistens leitet das »Hohe« selber die Austragung eines Bierskandals. Es werden zwei Seidel Bier bestellt. Der Unparteiische untersucht, ob die Glä-

»Bierjunge.«

ser gleich voll sind und läßt vom bessergefüllten soviel abtrinken, bis die »Stöffer äqual« (gleich) sind. Dann gibt er das Kommando bekannt, zum Beispiel: »Hoch durch die Luft, setzt an, stoßt an, zieht!« und setzt ein Losungswort fest. Dann wiederholt der Unparteiische das Kommando, das die Paukanten nun ausführen. Wer zuerst das Glas geleert und das Losungswort ausgesprochen hat, wird zum Sieger erklärt. Ein Bierskandal wird immer im Silentium ausgetragen. Kommandos können und sollen in humorvoller Weise beliebig zusammengestellt werden. Wer das Glas nicht bis zur Nagelprobe geleert hat, kann des Sieges verlustig erklärt werden, auch wenn er dem Anschein nach als erster fertig war.

## BIER HER

Bier her! Bier her! o - der ich fall' um, juch - he!

Bier her! Bier her! o - der ich fall' um!

Soll das Bier im Kel - ler lie - gen
und ich hier die Ohn - macht krie - gen?

Bier her! Bier her! o - der ich fall' um!

# DER ERSTE KRUG BIER

Mit fünf Jahren war ich zum ersten Male berauscht. Es war ein heißer Tag, und mein Vater pflügte auf dem Felde. Ich wurde eine halbe Meile weit fortgeschickt, um ihm einen Krug Bier zu holen. »Und paß auf, daß du es nicht verschüttest!« ermahnte er mich, als ich ging. Ich weiß noch genau, daß das Gefäß schwer, oben sehr weit war und keinen Deckel hatte. Als ich lostrottete, schwappte das Bier über den Rand und tropfte mir auf die Beine. Und wie ich so dahinzottelte, dachte ich nach. Bier war etwas sehr Kostbares. Mir kam der Gedanke, daß es etwas ganz Wunderbares sein müßte. Warum durfte ich sonst nie zu Hause davon kosten? Was die Erwachsenen mir verboten, hatte ich immer gut gefunden. Also war dies auch etwas Gutes. Auf die Erwachsenen konnte man sich verlassen. Die wußten Bescheid. Und zudem war die Kanne übervoll. Ich goß es nur über meine Beine und verschüttete es auf den Boden. Warum es vergeuden? Keiner würde sehen, ob ich es getrunken oder verschüttet hätte.

Ich war so klein, daß ich mich, um an das Bier zu gelangen, hinsetzen und die Kanne auf den Schoß nehmen mußte. Zuerst schlürfte ich den Schaum. Ich war enttäuscht. Ich begriff nicht das Wunderbare daran. Offenbar steckte es nicht im Schaum. Der schmeckte gar nicht gut. Dann erinnerte ich mich, gesehen zu haben, daß die Erwachsenen den Schaum fortbliesen, bevor sie tranken. Ich steckte das Gesicht in den Schaum und leckte an dem schweren Getränk darunter. Das schmeckte auch nicht. Aber ich trank doch. Die Erwachsenen mußten doch wissen, was sie taten. Klein, wie ich war, und mit der Kanne auf dem Schoße und mit angehaltenem Atem das Gesicht bis zu den Ohren im Schaum vergraben, konnte ich schwer entscheiden, wieviel ich trank. Ich schluckte es wie Medizin so schnell wie möglich, um die schreckliche Prüfung zu überstehen.

Ich schüttelte mich, als ich weiterging, und dachte, daß der gute Geschmack wohl hinterher kommen würde. Ich versuchte es noch mehrmals während dieser langen halben Meile. Als ich dann erschrocken merkte, wieviel von dem Bier fehlte, fiel mir ein, daß ich gesehen hatte, wie man abgestandenes Bier wieder zum Schäumen bringen konnte. Ich nahm einen Stock und rührte den Rest um, bis der Schaum wieder ganz an den Rand reichte.

Und mein Vater hat es nie entdeckt. Er leerte den Krug mit dem starken Durst des schwitzenden Pflügers, gab ihn mir zurück und machte sich wieder ans Pflügen. Ich versuchte neben den Pferden zu gehen. Ich weiß noch, wie ich über ihre Hufe stolperte und gerade vor die schimmernde Pflugschar fiel, und wie mein Vater so heftig die Zügel zurückriß, daß die Pferde sich beinahe auf mich gesetzt hätten. Er erzählte mir später, es hätten nur wenige Zoll gefehlt, daß mir der Leib aufgeschlitzt worden wäre. Undeutlich erinnere ich mich auch, wie mein Vater mich in seinen Armen nach dem Rande des Feldes trug, während die ganze Welt rings um mich schaukelte und schwankte, und ich todkrank vor Übelkeit war und dazu noch ein schrecklich schlechtes Gewissen hatte.

Den Nachmittag verschlief ich unter den Bäumen, und als mein Vater mich bei Sonnenuntergang weckte, war es ein sehr kranker kleiner Junge, der aufstand und sich müde heimwärts schleppte. Ich war vollkommen erschöpft, das Gewicht meiner Glieder drückte mich zu Boden, und im Leibe spürte ich ein seltsames, harfenartiges Zittern, das sich bis in die Kehle und ins Gehirn fortsetzte. Ich war in einem Zustande, als hätte ich einen Kampf mit Gift ausgefochten. Und wirklich: Ich war ja vergiftet gewesen.

In den folgenden Wochen und Monaten interessierte ich mich für Bier nicht mehr als für den Küchenherd, nachdem ich mich einmal an ihm verbrannt hatte. Die Erwachsenen hatten recht. Bier war nichts für Kinder.

MARIELUISE FLEISSER

## DAS BIER DES NACHBARN

Auf den schmalen, strähnig ausgewaschenen Tischplatten stehen Steinkrüge in grauen Rudeln. Dazwischen schwimmen Bierlachen und Zigarettenasche. Späte Ankömmlinge versuchen, Klappstühle in die dichten Sitzreihen zu pressen.

Der Wirt zu Hagelstimm ist ein Leisetreter. Zu seinen schlampigen Händen paßt das bleiche aufgeschwemmte Gesicht mit den blassen Augen und der spitzigen Nase. Grüßend schleicht er zwischen den Tischen umher und hat für jeden seiner zahlreichen Bekannten ein paar wehmütige Worte auf den Lippen, den Ruf um Hilfe. Er kann sich den Ruf leisten, weil er keine Konkurrenz hat am Ort, man ist auf ihn angewiesen. Aber wenn der

Konsum seiner Gäste nicht steigt, dann muß er verkommen.

Er gibt Krämerseelen, die den Wirt unterstützen, solange sie sich von ihm beobachtet glauben. Charaktere, die für den Wirt, nicht für die eigene Gurgel spenden.

So einer ist Minze.

Minze fühlt in seinem Innersten, daß jeder Schluck, den sich der Wirt nicht hinter die Ohren schreibt, eine ausschweifende Handlung ist. Er läßt sich unweigerlich sein Bier vom Wirt persönlich kredenzen. Nachher verschwindet er durch die Hinterpforte und wandelt in der Gegend spazieren, um Geld zu sparen. Sein Mantel bleibt drinnen hängen. Er friert wie ein Schneider, fühlt sich jedoch in seinem Gewissen bestehn. Er taucht an der Stätte der Völlerei nur in Perioden auf, um seinen Repräsentationspflichten zu genügen.

Da entdeckt er einen Tisch von ehemaligen Schulkameraden, gehobenen Betriebsangestellten, die mit dem Postauto kamen. Sofort läßt er sich bei ihnen nieder. Sie rücken ungern zusammen.

Minze hat keinen Krug vor sich. Er läßt sich auch keinen geben. Soll das heißen, daß Minze die ganze Zeit über trocken sitzen muß? Er schielt nach seinen Nebenmännern.

Irgendeinmal sind sie alle vom kleinen Bauern gekommen. Und der kleine Bauer muß sich dazuhalten, um sein bißchen Leben mit dem Korn, der Gerste und dem gelben Raps aus dem Erdboden zu scharren. Manche verlieren darüber das Maß. Ihre Finger werden zu Krallen.

»Laß mich in deinen Krug hineinschauen, wie das Bier

bei dir riecht«, spricht Minze und zieht geistesabwesend den Krug des Nachbarn zu sich herüber.

Das ist schamlos, was Minze für einen gesunden Zug hat, wenn er das Bier nicht bezahlt. Dann schmeckt es nicht bitter.

Riechen hat es Minze genannt. Sein Nachbar, der einen anderen Maßstab hat, spricht die Befürchtung aus, Minze sei in den Krug gefallen.

Es wäre überhaupt nichts dabei, wenn die Stunde käme, in der Minze sich revanchiert, seine schwache Stunde. Doch bis jetzt steht kein Tag im Kalender, an welchem Minze sich in Unkosten stürzte, die sich bei kaltem Blut vermeiden lassen. Er sitzt bar an Verständnis nebenan, wenn rings um ihn die Gemüter kochen. So macht er es immer.

Dies und jenes wird gesprochen, das Minze nicht direkt berührt.

Dann langt Minze harmlos nach der anderen Seite.

»Wie schmeckt denn dein Helles, Schorsche?«

Schorsche ist auf die Anrede vorbereitet, weil er seinen Handteller wie ein Habicht über den Krug deckt.

»Mein Helles schmeckt nicht anders wie dein Helles«, sagt Schorsche breit, »wenn du dir eines bestellst.«

Dem Minze in seinem Bann kleben die Finger noch am fremden Henkel. Er blinzelt und fühlt sich vor eine Denkaufgabe gewiesen.

Minze will ja nicht vorschnell handeln. Eine Minute lang ist er bereit zu verzeihen und dem Widersacher seinen persönlichen Segen zu erteilen. Schorsche soll nur auffallend schnell seinen Fehler einsehn, weiter wird nichts von ihm verlangt. Minze will sich nicht selten wie das Känguruh außerhalb von Australien machen.

»Ihr habt andere Einnahmen wie ich mit meinem Taschengeld«, verlautbart Minze gekränkt. »Ihr werdet einen alten Schulkameraden einmal freihalten können.«

Schorsche antwortet auf diese Weise pampig:

»Wir können immer dann, wenn wir wollen. Und bei dir wollen wir nicht. Weil du meinst, es muß sein.«

GERNOT WOLFGRUBER

## IM BIERZELT

Es war zuerst nur das übliche gewesen. Dasitzen auf den wackligen Bänken und Bier hineinschütten und sich die Ohren von der Blasmusik zunageln lassen und lachen und schreien. Daß er nicht bei denen gesessen war, mit denen er sich die letzten Jahre beim Volksfest um die Wette um den Verstand getrunken hatte, sondern inmitten seiner neuen Bekannten, angefangen vom Lenz über den Schielek bis zur kleinen Höfer, dem Heinisch und noch einem Haufen anderer, die sonst das Kaffeehaus für standesgemäß hielten, hatte er ja nur zu Beginn besonders gefunden, als er sich im zum Bersten vollen Bierzelt noch eingebildet hatte, alle seien eigentlich nur deswegen hergekommen, um ihn nun auf der *anderen Seite* sitzen zu sehen. Von allen Bänken rundum war er sich genau beobachtet vorgekommen. Aber nach dem dritten Bier waren ihm solche Gedanken vergangen. Zwischen dem Lenz und der kleinen Höfer eingezwängt war er auf der Bank gesessen und hatte das Bier zum doppelten Preis getrunken, wie es sonst zu haben war, was ihm aber auch bald nicht mehr auffiel, alle Momente gestoßen und angerempelt, weil der Gang zwischen den Bankreihen viel zu schmal war für den weitläufigen Schritt der Betrunkenen, schon am Nachmittag hatten sie sich in den Dunst des Bierzeltes gesetzt, obwohl dort vor Hitze kaum zu atmen war, und als es schon längst dunkel geworden war, saßen sie noch immer dort, Klein hatte halbwegs aufrecht zu bleiben versucht, während links und rechts im Takt der Musik an ihm gezogen worden war, über den Tisch war eine Unterhaltung bald unmöglich gewesen, und die Blasmusik hatte gestampft und gedröhnt, und manchmal hatte sich Klein ein wenig gewundert, daß die, unter denen er saß, die blöden, meist anzüglichen Reden des Conférenciers anscheinend genauso lustig fanden wie die Menschen an den anderen Tischen, für die, wie Klein meinte, diese Lustigkeit ja *eigentlich* da war, er war dagesessen und hatte geschrien und gelacht und hatte sich so wohl gefühlt wie schon lange nicht mehr, als könne er nur das Richtige machen, nicht den geringsten Fehltritt, und rundum war es immer ausgelassener geworden, Gelächter, Geschrei, schwitzende Gesichter, und auf einmal hatte es ein Gedränge gegeben und plötzlich einen Ruck und ein Geschiebe von rechts, und die Bank hatte sich aufgestellt, Gebrüll, und dann lagen die Menschen herum, Klein unter dem Tisch und jemand auf ihm, was machst denn du da, hatte Klein gelacht, wohnst du da herunten?, nein, hatte das Mädchen gegrinst, ich bin nur zu Besuch da, und er hatte sofort gewußt, wer das war, das ist die, mit der der Kulhavy damals beim Lazek war, und er hatte schnell weitergeredet, und sie hatte gelacht, bis sie auf einmal gemerkt hatten, es wird ganz finster, weil alle wieder saßen und das Licht wegnahmen, weißt was, hatte Klein gesagt, bleiben wir gleich herunten, da ist es eh viel schöner, und er hatte sich überhaupt nicht gewundert, daß sie herunten blieb und das ungeheuer lustig fand, erst beim Aufwachen war ihm das ganz unwahrscheinlich vorgekommen, als ihm der Kopf wehgetan und er Schwierigkeiten gehabt hatte, die letzte Nacht wieder in eine Ordnung zu bringen, alles mögliche hatte er auf einmal in seinem Kopf gehabt, nicht nur einen Namen, Irene, und ein dazugehörendes Gesicht, sondern auch Familienverhältnisse und einen halben Lebenslauf, den sie ihm erzählt haben mußte, und einen Treffpunkt, den sie vereinbart hatten, auf jeden Fall war nicht daran zu zweifeln gewesen, daß er mit ihr eine Weile unter dem Tisch geblieben war, dicht beisammen zwischen den Verstrebungen des Tisches, ja fast aufeinander, bis sie endlich durch ihr Lachen bemerkt worden und hervorgekrochen waren, unter Gelächter und zweideutigen Kommentaren, Irene mit ganz wirrem Haar und verschobenen Kleidern, aber lachend, und dann waren sie nebeneinander gesessen und hatten immer wieder herauslachen müssen, wenn sie einander angeschaut hatten, und er hatte seinen Arm um sie gelegt, weil das das Selbstverständlichste war nach der Nähe unter dem Tisch, und sie hatte sich ebenso selbstverständlich an ihn gelehnt, und sie hatten zusammen aus einem Glas getrunken, und bald hatten sie rundum fast nichts mehr wahrgenommen, waren sie nur immer wieder durch Gelächter und Bemerkungen auf ihre Selbstvergessenheit aufmerksam gemacht worden und darauf, daß sie nicht allein dasaßen und man ringsum sehen konnte, wie sie sich küßten, und er hatte sich schnell ein wenig ins Gespräch am Tisch eingemischt, aber alles, was er gesagt hatte, war nur für sie gewesen, und er hatte auf sie hingeredet, hatte ganz leicht reden können, ununterbrochen wie früher, nur daß er am nächsten Tag nicht mehr wußte, was er alles gesagt hatte, am liebsten wäre er zum Lenz gefahren, um ihn zu fragen, wie das eigentlich nun wirklich gewesen war und was der Lenz glaubt, ob das etwas bedeutet oder ob er für Irene nur eine betrunkene Bierzeltgeschichte war. Für ihn selber, hatte er sich sagen müssen, war so was nie ein Anfang gewesen. Die Bierzeltbekanntschaften der letzten Jahre hatte er sich am nächsten Tag immer schleunigst aus dem Kopf geschlagen. Aber diesmal ist es anders, hatte er gedacht, für ihn ist das anders [...].

HERBERT ROSENDORFER

## OKTOBERFESTBESUCH

Die Musik spielte den *Tölzer Schützenmarsch*. Wieder stieg alles auf die Tische. Die Musik spielte *Oans – bumm – zwoa – bumm – g'suffaaa* – Das Zelt erzitterte, Heinz schaute sich um: der Mann mit der karierten Mütze war auch gegangen. Hertha und Tommi kamen zurück. Tommi hatte im Schlamm einen Schuh verloren. »Sieben Hendl!« bestellte Derendinger jun. »Bist du wahnsinnig?« fauchte Frau Hertha. »Ich hab einen Hunger«, sagte Derendinger jun. »Prost!« brüllte er, »und noch eine Maß für jeden. Man ist nur einmal jung!« »Und vom zwanzigsten an dürfen wir uns wieder statt dem Essen das Maul ans Tischeck hinhauen«, Frau Hertha weinte. Die Bedienung brachte die sieben Hendl und das Bier. »Darf ich gleich kassieren?« »Gib deine Geldtasche her«, schrie Derendinger jun. »Nein, das ist das Haushaltsgeld.« »Gib das Geld her!« schrie Derendinger jun., »schließlich verdien' *ich's*.« »Wenig genug«, sagte Frau Hertha und gab ihrem Mann die Geldtasche. Sie sah einen Hundertmarkschein verschwinden. »Der Metzger schreibt nichts mehr an!« zischte sie, »und heut' ist erst der achtzehnte.« »Man ist nur einmal jung«, sagte Derendinger jun. Die Musik spielte: *Die Mühle im Schwarzwald*. »So kommen wir in unserem Leben nicht zu der Ledersitzgruppe.«

JOSEPH ROTH

## DAS BRATOPFER AUF DEM BIERFEST

Die Berliner *Bockbierfeste* zeichnen sich durch eine heitere Annäherung der sogenannten Kulturwelt an die Sitten und Gebräuche ungezwungen lebender Volksstämme aus. In der wunderbaren Freiheit, die der Alkohol dem einzelnen wie der Gesamtheit gewährt, entfalten sich Humor, Menschlichkeit und Gemüt. Es hat keiner nötig, sich vor dem andern zu schämen. Es ist wie im Dampfbad oder des Sommers am Strande. Alle Seelen sind in Badekostümen. So entwickelt sich ein heiteres Strandleben der losgelassenen Instinkte.

In einem der beliebtesten Bockbierlokale werden täglich ungefähr *sechstausend* Liter »ausgeschenkt«; wobei zu bemerken ist, daß dieses Fachwort nur ein Witz der Sprache ist. Denn das ausgeschenkte Bier muß leider bezahlt werden. Wäre dem nicht so, wer weiß, wie viele Tausende Liter täglich dem Verderben (oder dem Genuß) anheimfallen würden; wer weiß, wie viele Seelen noch die beliebten Badestrandorte bevölkern müßten!

An den Wänden und vom Plafond des Bockbierhauses wehen bunte Fahnen und Sprüche, sinnige Sprüche, kunstvoll gereimte oder auch in ungebundener Rede geformte Sprüche, in denen die ganze Weisheit des Okzidents enthalten ist. Zum Beispiel ins Fach schlagende: »Hopfen und Malz, Gott erhalt's!« Oder patriotische: »Wir wollen sein ein einig Volk von Brüdern« ... oder allgemeiner Natur: »Ein guter Trunk, macht Altes jung!« ... Außerdem gibt es da noch Siegestrophäen in Gestalt von Hörnern, Geweihen, ausgestopften Auerhähnen und Stierköpfen, die aus gläsernen Augen auf ihresgleichen blicken, ein bißchen erhaben, ein wenig armselig, sehr aufmerksam und dennoch verloren träumerisch.

Einer alten Tradition zufolge opfert man bei Bockbierfesten ganze *Ochsen,* indem man sie so brät, wie Gott sie geschaffen hat, mit Haut und Haar, Kopf und Huf, Aug', Ohr, Zunge und Schwanz. Ehemals briet man sie am Spieß. Heute haben es die Ochsen der fortgeschrittenen Technik zu verdanken, wenn sie in einem Bratapparat gebraten werden. So genießen sie den Tod zugleich mit den Segnungen der Zivilisation.

Um den Eindruck hochentwickelter Kulturapparate wieder wettzumachen, bemühen sich die Festarrangeure, auch Natur in das Bild zu bringen – und gleich die wildeste. Man baut nämlich Alpen aus Pappe in den Saal, mit Engpässen, Schluchten, Zacken und künstlichem Schnee. Manche bemühen sich, die Berge zu ersteigen. Es sind Tieflandgeborene und Ungeübte. Sie sind ohnehin schon geneigt, Ebenen für Gebirgsketten zu halten. Gelingt es einem, eine papierschneebedeckte Spitze zu erklimmen, so stürzt er auf der andern Seite herunter, eine Lawine aus Fleisch und Bockbier.

Um wieder auf die Ochsen zurückzukommen: Es ist traurig, daß sie nicht wissen, wem sie zum Opfer fallen. Welch ein geheimnisvoller Gott fordert ganze Ochsen in Lucullus-Apparaten? Welcher Götze freut sich an traurigen und bratenden Köpfen, die so ergeben sind, ohne zu wissen, wem sie ergeben sind? Diese Apparate haben sinnige Scheiben aus Marienglas, die einen sakralen Eindruck machen und eine Atmosphäre frommer Andacht verbreiten. Man sieht durch diese Gläser die glotzenden

Rindsköpfe, wie sie braun und immer mehr braun werden, man schmeckt mit den Augen die Knusprigkeit der Tiere und ihrer Gehirne und serviert sie frisch von der Bratmaschine weg in die offenen Münder der Gäste, von denen merkwürdigerweise niemand aus Irrtum zufällig in die Maschine gesteckt wird.

Nein, die Gäste werden niemals gebraten! Sie vergnügen sich im Gegenteil damit, Preise zu verteilen: für den tiefsten Ausschnitt; für die dickste Wade; für die dünnste Wade; für den größten Daumen; für den besten Bubikopf; für die längsten Zöpfe.

Unter solchen Spielen gehen die Bockbierfeste zu Ende. Und weil, geheimen Gesetzen zufolge, der Appetit auf Bier und Ochsen mit dem erotischen gleichzeitig zu erwachen und zu wirken pflegt, werden bald gesunde und hoffentlich geratene Bockbierkinder das Licht dieser Welt erblicken, um es, später einmal, bei Bockbierfesten doppelt sehen zu können …

# WUSSTEN SIE, DASS ...

...in den germanischen Mythen das Himmelsgewölbe als Braugefäß gesehen wurde: ist es bewölkt, wird göttliches Bier gebraut, und wenn es donnert, putzt Thor den Sudkessel.

... in Deutschland jährlich rund 2,3 Millionen Tonnen Braugerste verarbeitet werden und jede Maß Bier durchschnittlich 5656 Gerstenkörner enthält.

... die Hallertau zwischen München, Ingolstadt und Regensburg mit 18750 ha das größte geschlossene Hopfenanbaugebiet der Erde ist.

... der Spruch des Grimmschen Rumpelstilzchen »heute back' ich, morgen brau' ich« einer jahrhundertelangen Praxis im ländlichen Alltag entsprach: nach dem Backtag wurde an derselben Feuerstelle gebraut, da die durch den Backprozeß freigesetzten Hefen für den Gärungsprozeß der Bierherstellung genutzt werden konnten.

... sich die Bezeichnung Märzenbier vom Monat März ableitet, in dem in Süddeutschland, vor Entwicklung der Kältetechnik, das letzte untergärige Bier vor der warmen Jahreszeit gebraut werden konnte. Noch heute ist das »Wiesnbier« des Münchner Oktoberfestes vorwiegend Märzenbier.

... der Wiener Anton Dreher 1841 das Lager-Bier entwickelte, indem er Jungbier, das bis dahin frisch ausgeliefert wurde, kühlte und bei kontrollierten Temperaturen ablagerte, bis es gereift war.

... Reiswein eigentlich ein Bier ist, denn wie Gerste, Hirse und Mais enthält auch das Reiskorn Stärke als Speicherstoff und keinen Zucker wie die Traube oder andere Früchte, die Ausgangsprodukte für die Weinherstellung sind.

... die erste Brauerei Chinas zu Beginn dieses Jahrhunderts von Deutschen in Kiautschou, in der Hauptstadt Tsingtao, errichtet wurde, die bis heute Tsingtao-Bier in den Westen exportiert.

... es bayerische Braumeister waren, die im böhmischen Pilsen 1842 den ersten »Urquell« brauten, der nach und nach in ganz Deutschland als Bier »nach Pilsener Art« oder »Pils« Verbreitung fand.

... es den Markennamen Budweiser zweimal gibt: einmal in der amerikanischen Brauerei Anheuser-Busch in St. Louis, die in den USA einen Marktanteil von 25 % hält, und einmal in der mit knapp 500 000 Hektoliter verhältnismäßig kleinen, traditionsreichen Brauerei von Budweis.

... die Niederlande mit Heineken Bier der größte Bier-Exporteur der Welt sind, obwohl die bedeutendste Biermarke der Welt mit Budweiser aus den USA kommt und die größte Brauerei-Dichte der Welt in Deutschland zu finden ist.

… das erste Hofbräuhaus am Münchner »Platzl« 1591 unter Herzog Wilhelm V. erbaut wurde. Das heutige Haus ist 1897 im alten Stil wiedererrichtet worden.

… das erste Münchner Oktoberfest 1810 ein Pferderennen war, das zur Hochzeitsfeier von Ludwig I. mit der Prinzessin Therese von Sachsen-Hildburghausen auf jener »Wiesn« stattfand, die seither nach der Braut Theresienwiese heißt.

… die Bezeichnung »Maß« von der »Zumessung« kommt, die den Klosterinsassen an Brot und Bier täglich zustand. Fünf Maß täglich waren Klosterbrauch, wobei ein Maß zwischen ein und zwei Liter variierte.

… die traditionellen Bockbierzeiten im deutschen Sprachraum – Weihnachten und Ostern – an die mönchische Praxis der Fastenzeit erinnern, wonach Flüssiges das Fasten nicht bricht.

… die Bauern bereits im 8. Jahrhundert festgelegte Biermengen (Biergelte) an weltliche Obrigkeiten und Klöster abführen mußten und damit die Besteuerung des Bieres ihren Anfang nahm.

… 1236 in Canterbury das »Wettsaufen« der Geistlichen offiziell verboten wurde.

… der Scharnierdeckel des Bierkruges auf eine gesetzliche Verordnung Anfang des 16. Jahrhunderts zurückgeht. Das Bier sollte vor Schmutz und insbesondere vor Fliegen geschützt werden, die als Verbreiter der Pest galten. Da Bier vielfach warm getrunken wurde, hielt der Deckel das Getränk zudem temperiert.

… Bierflaschen ursprünglich mit Naturkork verschlossen wurden. Dann folgte der heute wieder moderne Patent- oder Bügelverschluß, bis 1892 der irischstämmige Maschinist William Painter aus Baltimore den Kronenkorken erfand, der sich in der Folge in der ganzen Welt durchsetzte.

… am 24. Januar 1935 in der Brauerei G. Krueger in Newark, USA, das erste Dosenbier abgefüllt wurde.

… die größte deutsche Bierdeckelsammlung rund 65 000 verschiedene Exemplare allein aus dem deutschsprachigen Gebiet umfaßt.

# TEXTNACHWEISE

Mit einem Sternchen versehene Titel* wurden von den Herausgeberinnen formuliert oder sind den abgedruckten Texten entnommen.

13 OSKAR MARIA GRAF: BIERSTÜBERL ZU VERKAUFEN*.
O. M. G.: Bolwieser. In: O. M. G.: Werkausgabe. Bd. 6. Hrsg. von Wilfried F. Schoeller. München/Leipzig: List, 1994. S. 45–47. – © 1994 Paul List Verlag in der Südwest Verlag GmbH & Co. KG, München.

17 ROLF LOHBERG: SCHENKEN UND SCHILDWIRTE.
R. L.: Das große Lexikon vom Bier. Wiesbaden: VMA-Verlag, [o. J.]. S. 149–152. – © Scripta Verlags-Gesellschaft mbH, Ostfildern.

22 MICHAEL JACKSON:
WO MAN IN DEUTSCHLAND TRINKT.
M. J.: Das große Buch vom Bier. Bern/Stuttgart: Hallwag, ³1988. S. 82. – Übers. und Bearb. Rolf Hellex und Ulrich Mailänder. – © 1977 Hallwag AG, Bern.

25 KARL MAY: EIN BIERLOKAL IM ORIENT*.
K. M.: Im Lande des Mahdi. Bd. 1. Reiseerzählung. Repr. der ersten Buchausg. von 1895. Bamberg: Karl-May-Verlag, 1983. S. 5–10. – Die Orthographie wurde behutsam modernisiert.

31 CARL ZUCKMAYER: DER HERR BRÄU*.
C. Z.: Die Fastnachtsbeichte. Erzählungen 1938–1972. Frankfurt a. M.: Fischer Taschenbuch Verlag, 1996. (Gesammelte Werke in Einzelausg. Hrsg. von Knut Beck und Maria Guttenbrunner-Zuckmayer. Fischer Taschenbuch. 12708.) S. 50–55. [Aus: Der Seelenbräu.] – © 1996 S. Fischer Verlag GmbH, Frankfurt am Main.

38 ULRICH OPHERK: DIE BRAUKUNST DER KLÖSTER*.
Bierwelt. Ausstellung vom 11. April bis 11. Oktober 1992. Red. von Conrad Seidl und Willibald Katzinger. Linz: Stadtmuseum Linz – NORDICO, 1992. S. 85. [Aus: U. O.: Der Deutschen liebstes Getränk.] – Mit freundlicher Genehmigung von Ulrich Opherk, München.

42 VOM BIERBRAUEN, UND ALLEM DEMJENIGEN, WAS DAZU ERFORDERT WIRD.
Der vollkommene Bierbrauer. Oder kurzer Unterricht alle Arten Bier zu brauen, wie auch verdorbene Biere wieder gut zu machen, auch alle Arten von Kräuter-Bieren. Nebst einem Anhang von Methsieden. Frankfurt/Leipzig: Carl Wendlern, 1784. Repr. Leipzig: Reprint-Verlag Leipzig, [o. J.]. S. 40 f.

43 CONRAD SEIDL: DER BRAUVORGANG*.
C. S.: Noch ein Bier! Reisen zu den Stätten europäischer Braukunst. Mit 100 großteils farbigen Abb. Wien: Deuticke, ²1994. S. 8–11. – © 1993 Franz Deuticke Verlagsgesellschaft m.b.H., Wien.

46 DAS REINHEITSGEBOT VON 1516.
Text nach: Irene Krauß: »Heute back' ich, morgen brau' ich …«. Zur Kulturgeschichte von Brot und Bier. Ulm: Deutsches Brotmuseum, 1994. S. 67.

49 EINIGE RATSCHLÄGE*.
Der vollkommene Bierbrauer. S. 96 f., 153 f.

50 HERMANN FÜRST VON PÜCKLER-MUSKAU:
DIE BARCLEYSCHE BRAUEREI*.
Fürst Pückler reist nach England. Aus den Briefen eines Verstorbenen. Hrsg. von H. Ch. Mettin. Stuttgart: Deutsche Verlags-Anstalt, [o. J.]. S. 185 f.

52 DIETRICH HÖLLHUBER:
DAS BIER UND DIE INDUSTRIELLE REVOLUTION*.
D. H.: Die Biere Deutschlands. Nürnberg: Carl, 1988. S. 52. – © Verlag Hans Carl, Nürnberg.

54 MICHAEL JACKSON: WELCHES BIER?
M. J.: Das große Buch vom Bier. S. 13.

57 REINHARD P. GRUBER: ICH LIEBE BRAUEREIEN*.
R. P. G.: Die grüne Madonna. Roman mit 18 Skizzen des Autors. Graz: Droschl, 1982. S. 26 f. – © 1982 Reinhard P. Gruber.

61 ROLF LOHBERG: BRAUEN ALS FRAUENSACHE*.
R. L.: Das große Lexikon vom Bier. Wiesbaden: VMA-Verlag, [o. J.].
S. 149–152. – © Scripta Verlags-Gesellschaft mbH, Ostfildern.


63 WOLFGANG RÖLLIG:
NINKASI – DIE HERRIN, DIE DEN MUND FÜLLT*.
W. R.: Das Bier im Alten Mesopotamien. Berlin: Gesellschaft für
Geschichte und Bibliographie des Brauwesens E. V. / Institut für
Gärungsgewerbe und Biotechnologie, 1970. S. 64 f. – © 1970 Ge-
sellschaft für Geschichte und Bibliographie des Brauwesens E. V.,
Berlin.


64 PETER KANN:
DAS MANIOK-BIER DER SÜDAMERIKANISCHEN JIVARO-FRAUEN*.
Bierwelt. S. 62–64. [Aus: P. K.: »Ausg'steckt« auf südamerikanisch
– Von der Chicha der Indianer.] – Mit Genehmigung von Peter Kann,
Wien.


66 THORNTON WILDER: DOÑA MARIA ENTDECKT DIE CHICHA*.
Th. W.: Die Brücke von San Luis Rey. Aus dem Amerikan. von Herbert E. Herlitschka. Mit einem Nachw. von Helmut Viebrock. Frankfurt a. M.: Fischer Taschenbuch Verlag, 1996. (Fischer Taschenbuch. 1.) S. 30. – © 1976 S. Fischer Verlag GmbH, Frankfurt am
Main.


67 IRENE KRAUSS: VON DEUTSCHEN BIERHEXEN*.
I. K.: »Heute back' ich, morgen brau' ich …«. Zur Kulturgeschichte
von Brot und Bier. Ulm: Deutsches Brotmuseum, 1994. S. 114 f. –
© 1994 Eiselen-Stiftung, Ulm.


69 CONRAD SEIDL: DIE HEILKRÄFTE DES BIERES*.
C. S.: Hopfen & Malz. Pils, Bock, Ale und Co. Wien: Deuticke, 1995.
S. 44 f. – © 1995 Franz Deuticke Verlagsgesellschaft m.b.H., Wien.


71 HELMUT HOCHRAIN: KELLNERINNEN*.
H. H.: Bayrisch Bier. Ein vergnügliches Brevier. Mit Illustrationen
von Franziska Bilek. Bonn [u. a.]: Bayerischer Landwirtschaftsverlag, 1957. S. 45–47. – © 1957 Bayerischer Landwirtschaftsverlag,
Bonn – München – Wien.

73 FRANZ WERFEL: DIE ZUTRÄGERIN*.
F. W.: Stern der Ungeborenen. Ein Reiseroman. Frankfurt a. M.: Fischer Taschenbuch Verlag, 1981. (Fischer Taschenbuch. 2063.) S. 518–520. – Mit Genehmigung der S. Fischer Verlag GmbH, Frankfurt am Main.

75 ROBERT WALSER: ASCHINGER.
R. W.: Sämtliche Werke in Einzelausgaben. Hrsg. von Jochen Greven. Bd. 3: Aufsätze. Zürich / Frankfurt a. M.: Suhrkamp, 1985. (suhrkamp taschenbuch. 1103.) S. 67–70. – © 1978 Suhrkamp Verlag, Frankfurt am Main und Zürich. Mit Genehmigung der Inhaberin der Rechte, der Carl-Seelig-Stiftung, Zürich.

78 CHRISTOPH WAGNER: WIE DER SCHENK, SO'S GETRÄNK.
Ch. W.: Das große Buch vom Bier. Eine Kulturgeschichte der österreichischen Bierbraukunst. Farbphotographien von Gerhard Trumler. Wien/München: Christian Brandstätter, 1984. S. 159 f. – © 1984 Christian Brandstätter Verlag & Edition Gesellschaft m.b.H. & Co. KG, Wien.

83 WALTER WEBER: DER BIERDECKEL.
Die Galerie der kleinen Dinge. Ein ABC mit 77 kurzen Kulturgeschichten alltäglicher Gegenstände vom Aschenbecher bis zum Zündholz. Präsentiert von Werner Boehncke und Klaus Bergmann. Illustriert von F. W. Bernstein. Vergrößerte Neuausg. Zürich: Haffmans, 1990. S. 15–19. – © 1988 Haffmans Verlag AG, Zürich.

87 HELMUT HOCHRAIN:
BIERWÄRMER, RADLERMASS UND WEISSWÜRSTE*.
H. H.: Bayrisch Bier. S. 94–96.

90 DIETRICH HÖLLHUBER: BIER FÜR GOURMETS*.
D. H.: Die Biere Deutschlands. S. 94–98.

93 BIER-MIXEREIEN.
Rolf Lohberg: Das große Lexikon vom Bier. S. 270.

95 MICHAEL JACKSON: BERLINER WEISSE*.
M. J.: Das große Buch vom Bier. S. 56.

95 MICHAEL JACKSON: LÜTTJE LAGE*.
M. J.: Das große Buch vom Bier. S. 79.

99 WILHELM BUSCH: ABENDBIER BEIM SCHIMMELWIRT*.
W. B.: Balduin Bählamm. Maler Klecksel. Hrsg. von Friedrich
Bohne. Zürich: Diogenes Verlag, 1974. S. 150.

100 LUDWIG SPEIDEL: EIN WIENER STAMMTISCH.
L. S.: Schriften. Bd. 2. Berlin: Meyer & Jessen, 1910. S. 270–278.

107 LEO SILLNER: WAHLKAMPF MIT DEM BIERSCHLEGEL.
L. S.: Das Buch vom Bier. München: Feder Verlag, 1962. S. 127 f.

109 IRENE KRAUSS: BIERKRAWALLE*.
I. K.: »Heute back' ich, morgen brau' ich …«. S. 91 f.

111 STEFAN ZWEIG: GRENZVERKEHR DER BIERLIEBHABER*.
St. Z.: Die Welt von Gestern. Erinnerungen eines Europäers. Stock-
holm: Bermann Fischer, 1944. S. 336–338. – © S. Fischer Verlag,
Frankfurt am Main.

113 LUDWIG THOMA: DER LETZTE ABENDSCHOPPEN*.
L. Th.: Gesammelte Werke. Bd. 4: Erzählungen 2. Kleinstadt- und
Künstlergeschichten. München: Piper, 1956. S. 12. [Aus: Das Be-
gräbnis.]

116 KARL MAY.
K. M.: Im Lande des Mahdi. Bd. 1. S. 35.

116 FRANZ GRILLPARZER.
F. G.: Selbstbiographie und Reisetagebücher. Wien: A. J. Walter,
1946. S. 273.

116 EDUARD MÖRIKE: AN PHILOMELE.
E. M.: Sämtliche Werke in zwei Bänden. Nach dem Text der Aus-
gabe letzter Hand unter Berücksichtigung der Erstdrucke und Hand-
schriften. Mit einem Nachw. von Benno von Wiese sowie Anm.,
Zeittaf. und Bibliogr. von Helga Unger. München: Winkler, 1967.
Bd. 1. S. 850.

117 GÜNTER DE BRUYN: DIE BIERSELIGKEIT DES JEAN PAUL*.
G. de B.: Das Leben des Jean Paul Friedrich Richter. Eine Biographie. Frankfurt a. M.: Fischer Taschenbuch Verlag, 1978. (Fischer Taschenbuch. 10973.) S. 228–229, 244 f. – © S. Fischer Verlag GmbH, Frankfurt am Main.

121 ROLF KÖNIG: NESTROYS STUDIEN*.
Gambrinus lacht. Anekdoten über den edlen Gerstensaft gesammelt von R. K. München/Esslingen: Bechtle, 1967. S. 17. – © 1967 Bechtle Verlag in der F. A. Herbig Verlagsbuchhandlung GmbH, München.

121 CHARLES BAUDELAIRE: DIÄT MIT ALE*.
Ch. B.: Sämtliche Werke/Briefe. In acht Bänden. Hrsg. von Friedhelm Kemp und Claude Pichois in Zsarb. mit Wolfgang Drost. München: Hanser, 1985. Bd. 7. S. 60 f. – Übers. von Friedhelm Kemp. – © 1992 Carl Hanser Verlag, München und Wien.

123 ECKHARD HENSCHEID: EIN FLOTTER TAG IM LEBEN DES GOTTFRIED BENN [AUSZUG].
E. H.: Ein scharmanter Bauer. Erzählungen und Bagatellen. Frankfurt a. M.: Zweitausendeins, 1982. S. 106–108. – © 1980 Zweitausendeins, Postfach 61 06 37, D-60348 Frankfurt am Main.

127 SEBASTIAN BRANT: DER BIERSÄUFER*.
S. B.: Das Narrenschiff. Übertr. von H. A. Junghans, durchges. und mit Anm. sowie einem Nachw. neu hrsg. von Hans-Joachim Mähl. Stuttgart: Reclam, 1964 [u. ö.]. (Universal-Bibliothek. 899.) S. 66.

127 ARNOLD ZWEIG: SILENTIUM EX!*
A. Z.: Furchen der Zeit. Ausgewählte Geschichten. Frankfurt a. M.: Fischer Taschenbuch Verlag, 1973. (Fischer Taschenbuch. 1407.) S. 7 f. [Aus: Allah.] – © 1972 Aufbau Verlag, Berlin und Weimar.

129 DER BIERKOMMENT.
Gesellschaftlicher Wegweiser für alle Lebenslagen. Hrsg. von Gottfried Andreas mit Bildern von Fritz Schönpflug. 8., durchges. Aufl. Weidlingau b. Wien / Leipzig: Oskar Andreas Verlag, 1935. S. 198–200.

133 BIER HER.
Alt-Heidelberg. Auswahl der beliebtesten Studenten- und Volks-
lieder Deutschlands. Nach Wort und Tonweise aus Vergangenheit
und Gegenwart ges. von Alfred Michow. Berlin: Alfred Michow,
[o. J.]. S. 53.

134 JACK LONDON: DER ERSTE KRUG BIER*.
J. L.: König Alkohol. Wien: Büchergilde Gutenberg, 1952. S. 16–18.
– Übers. von Erwin Magnus. – © 1913 Universitas Verlag in der F. A.
Herbig Verlagsbuchhandlung GmbH, München.

136 MARIELUISE FLEISSER: DAS BIER DES NACHBARN*.
M. F.: Gesammelte Werke. Frankfurt a. M.: Suhrkamp, ²1983.
S. 76–78. [Aus: Eine Zierde für den Verein. Roman vom Rauchen,
Sporteln, Lieben und Verkaufen.] – © 1972 Suhrkamp Verlag, Frank-
furt am Main.

139 GERNOT WOLFGRUBER: IM BIERZELT*.
G. W.: Niemandsland. Roman. Salzburg/Wien: Residenz Verlag,
1978. S. 211–213. – © 1978 Residenz Verlag, Salzburg und Wien.

142 HERBERT ROSENDORFER: OKTOBERFESTBESUCH [AUSZUG].
H. R.: Die Erfindung des SommerWinters. Neue Erzählungen, Ge-
dichte, Glossen und Aufsätze. Mit einem Vorw. von Dieter Hilde-
brandt. Hrsg. von Julia Andreae. München: Deutscher Taschenbuch
Verlag, 1994. (dtv 11782.) S. 263 f. – © 1994 Deutscher Taschenbuch
Verlag, München.

144 JOSEPH ROTH: DAS BRATOPFER AUF DEM BIERFEST.
J. R.: Werke. Hrsg. und mit einem Nachw. von Klaus Westermann.
Köln: Kiepenheuer & Witsch, 1990. Bd. 2. S. 342 f. – © 1990 Verlag
Kiepenheuer & Witsch, Köln, und Allert de Lange, Amsterdam.

# BILDNACHWEISE

16  Aus: Ludwig Bechstein. Deutsches Märchenbuch. Mit den Stahlstichen von Carl Wilhelm Schurig und Andreas Wolfgang Brennhäuser und ausgewählten Holzschnitten nach Originalzeichnungen von Ludwig Richter. Hrsg. von Hans-Heino Ewers. Stuttgart: Reclam, 1996. (Universal-Bibliothek. 9483.) S. 452.

23  Was die Europäer trinken. Aus: Michael Jackson: Das große Buch vom Bier. Bern/Stuttgart: Hallwag, ³1988. S. 111. – Übers. und Bearb. Rolf Hellex und Ulrich Mailänder. – © 1977 Hallwag AG, Bern.

25  Illustration von Wilhelm Kaufmann. Aus: Salzburg von A–Z. Ges. und hrsg. von Josef Kant. Salzburg/Wien: Alpen-Verlag, 1954.

39  Älteste Darstellung eines Brauers in Deutschland. Miniatur aus dem Hausbuch der Mendelschen Zwölfbruderstiftung, Nürnberg, um 1430 (Stadtbibliothek Nürnberg).

45  Die wichtigsten Vorgänge bei der Malz- und Bierherstellung. Aus: Conrad Seidl: Noch ein Bier! Reisen zu den Stätten europäischer Braukunst. Mit 100 großteils farbigen Abb. Wien: Deuticke, ²1994. S. 10. – © 1993 Franz Deuticke Verlagsgesellschaft m. b. H., Wien.

47  [Unbekannter niederländischer Meister:] Der Gambrinus. Öl auf Leinwand, 1526 (Bayerischer Brauerbund).

51  Brauerei in London im 18. Jahrhundert. Radierung. Aus: Conrad Seidl: Hopfen & Malz. Pils, Bock, Ale und Co. Wien: Deuticke, 1995. S. 70 f. – © 1995 Franz Deuticke Verlagsgesellschaft m. b. H., Wien.

55  Peter Jacob Horemans (1700–76): Wirt bei der Brotzeit. Öl auf Leinwand.

62  Martin Engelbrecht: Femme de Brasseur. Eine Bierpreüin. Kupferstich, 1. Hälfte des 18. Jahrhunderts.

72  Kellnerin (Fremdenverkehrsamt München).

88  Illustration von Franziska Bilek. Aus: Helmut Hochrain: Bayrisch Bier. Ein vergnügliches Brevier. Mit Illustrationen von Franziska Bilek. Bonn [u. a.]: Bayerischer Landwirtschafts-

verlag, 1957. S. 94. – © 1957 Bayerischer Landwirtschaftsverlag, Bonn – München – Wien.

98 Edouard Manet: Le bar aux Folies-Bergère. Öl auf Leinwand, um 1881/82 (Courtauld Institute Galleries, London).

114 Werbeplakat der Kölner Hausbrauereien (Werbegemeinschaft Kölner Hausbrauereien).

115 Gerhard Stauf: Ex Libris Dr. Emil Kunze. Aus: Österreichisches Jahrbuch für Exlibris und Gebrauchsgraphik 59 (1994/95). S. 29. – Mit Genehmigung von Roland Stauf, Burg.

126 Heinrich Kohler: Münchner Bürgermädchen bei der Brotzeit im Biergarten des Wirtshauses am Chinesischen Turm im Englischen Garten. Kolorierte Lithographie, um 1840 (Münchner Stadtmuseum).

132 Fritz Schönpflug: »Bierjunge.« Aus: Gesellschaftlicher Wegweiser für alle Lebenslagen. Hrsg. von Dr. Gottfried Andreas mit Bildern von Fritz Schönpflug. Wien/Leipzig: O. Andreas, 81935. S. 200.

143 Flugblatt mit Wienerliedern (Österreichisches Volksliederwerk).

Umschlagvorderseite: Hopfen (Lupulus, Humulus). Kolorierte Kupfertafel. Aus: Elisabeth Blackwell: Herbarium Blackwellianum [...]. Vermehrtes Blackwell'sches Kräuterbuch. Lat./Dt. Hrsg. von C. J. Trew [u. a.]. 6 Bde. Nürnberg: J. J. Fleischmann, 1750–73. Bd. 6, Taf. 536b.